U0060279

台灣環保領路人，李登輝眼中的「青番仔局長」
他專業、正氣、佛心，捍衛國人健康、保全台灣土地

莊進源 回憶錄

莊進源 著

1942中學時期

卒業證書

台北州

莊 進 源

大正十五年八月三日生

尋常小學校ノ教科ヲ

卒業セシコトヲ證ス

昭和十四年三月十五日

臺灣公立臺北州

宜蘭尋常高等小學校長 從七位 勳等 古莊廣幸

第一〇八三號

▲▲1939小學校畢業證書（背面為種痘證明）

種痘　　　完了年月日

第一期　　昭和二年二月八日

第二期　　ノ十年二月二十五日

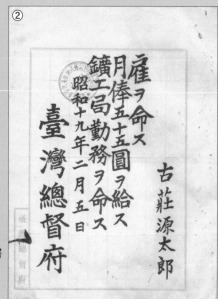

① 證明書

② 臺灣總督府

❶1943專檢數學，物理合格證明書
❷1944台灣總督府任命書
❸1944日本普考合格證書
❹1945台北師範學校修業證書

合格證書

臺北州
古莊源太郎　大正十五年八月三十日生

右者昭和十九年臺灣總督府ニ

於テ施行シタル普通試驗ニ合格

セリ仍テ此證ヲ付與ス

昭和十九年五月四日

臺灣總督府普通試驗委員長正五位勳四等齋藤樹

修了證書

台北州
莊進源　大正十五年八月二十三日生

右者本校本科第一學

年ノ課程ヲ修了セシコト

ヲ證ス

昭和二十年十月二十四日

臺灣總督府臺北師範學校長正五位勳等大浦精一

第二八號

1950新婚照

1958我的恩師岩井教授
(於京都大學)

1950台灣大學畢業學士照

1957 WHO獎助金通知書

09

❶ 1959.3.21京都大學衛生工學教室外
❷ 1960補度蜜月
❸ 1960妻子與岩井夫人
❹ 1961福隆海水浴場家庭旅遊

❶1982衛生署環保局局長期間

❷2000妻子引吭高歌

❸1987公子莊碩洋婚禮全家福

❹1987第三次科技會議環保組，左1：沈世宏、中間：俞國華（時任行政院院長）、右1：勞長春、右4：莊進源

11

①

②

藤野孝明 日本歌謡曲教室發表會

❸

❶2001全家福
❷2000夫妻同發表歌謠
❸2001與前總統李登輝先生合照

2004八重山歌會合照，左二：日本歌人俱樂部會長藤岡武雄、右二：日本歌人俱樂部九州區幹事平山良明、右三：石垣市市長大濱長照

夫妻於八重山歌會合影

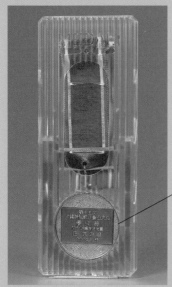

第十五回
沖縄県短歌八重山大会
優良賞
NHK沖縄放送局賞
荘 進源殿
2004.1.31

八重山歌會優良賞

八雲放膽獎狀

▲福爾摩沙環境獎
◀2004福爾摩沙獎狀

■李序

令人敬佩的「青番局長」

李登輝序

日前，獲悉舊識莊進源先生即將出版回憶錄，並有機會先睹為快，不禁讓登輝憶起昔日二人各自在不同工作領域，共同為台灣的進步發展，費心戮力打拚的往事。此時，讀起回憶錄的感受，猶如再次走回過去的那段時光隧道一般！

民國67～70年登輝擔任台北市市長期間，莊進源先生是擔任當時「行政院衛生署環境衛生處」處長之職。他曾就台北市上下水道的整治，提出迥異於一般社會大眾的見解，其眼光長遠，又具備全面性、國際化的思考，令登輝印象深刻。

莊進源先生出身於日治時代一個巡佐家庭，在那個年代，要出人頭地只能靠用功讀書。莊先生恰巧是一個熱愛學習的孩子，幼時即表現傑出，自台灣商工學校畢業後，更

透過自修通過普通文官考試，並在戰後進入台大化工系就讀。他在學問上的刻苦勤勉，猶如往後在公務員生涯中的竭盡心力一般，足堪為年青世代的典範。

　　1970年代的台灣，由於工業大力發展，公害問題逐步浮現。此時，帶領國人開拓環境保護業務的，即是莊進源先生。在推動環保政策的過程中，擔起首任環保局長職務的莊進源先生，不惜得罪企業家、不畏懼黑函與恐嚇電話，其強硬的脾氣與對正義的堅持，讓當時的輿論譽之為「青番仔局長」。媒體更以具有「原住民」剛烈的性格，來形容這位有史以來的環保局長。登輝也認為，若不是當年有莊局長大刀闊斧的作為，今天台灣的環保政策與技術，恐怕無法追上世界先進國家；而首善之都的台北市市容，也無法同列國際一流都市之林。

　　就以當年台灣北部個縣市在共同研議，如何解決北部垃圾問題的例子來看，包括當時的省府廳處單位、北縣、北市議會等多個單位，一致通過要在八里建造垃圾掩埋場的決議，但卻只有當時擔任環境衛生處處長的莊進源大力反對。他認為掩埋不符經濟效益，並將造成海洋污染、沿

岸景觀之惡化。基此，他獨自對抗強大的政治壓力、獨排
眾議反對設置掩埋場，而此案也在歷周折下終被取消。於
是，現在的八里沿岸，讓我們看到是的美麗的「八里左
岸」濱河美景，而不是堆積惡臭的垃圾山。

　　莊先生和登輝，早已從政壇的第一線退下，而台灣的
未來自然要交付給年輕一代去打拼。至今，台灣許多優秀
的環保人才，不少是莊先生親手培育成的，看到當年的學
生、老部屬仍念念不忘「莊局長的時代」，足見其培育後
繼用心甚深，但願如此精神持續承傳，青出於藍而勝於
藍。

　　一本好的傳記，可以令讀者提升自我品格修煉，進而
激勵其人生的前進。這本展現莊進源先生誠實、正直美德
的回憶錄，登輝願意將它推薦給大家，尤其希望年青世代
能好好閱讀，仔細了解前人在環保領域所作出的貢獻，更
應重新審視過往社會重視的醇美德性。

李登輝

■蔡序

熱情、堅持、專業的環保公僕

蔡英文序

這一部市面上少見的台灣環保公僕養成史，

你可看見莊進源先生的熱情與堅持，

那也是一位專業公僕對國家社會的奉獻歷程，

我衷心推薦。

蔡英文

■自序

我以環保公僕的一生為榮

莊進源序

　　我是鄉下巡佐的孩子，生於歷史教科書上所謂的「日本殖民時代」。1945年至今，政治上因紛擾不定，對歷史有過不同解讀，但這一點也未曾影響我兒時美好的記憶。我的思緒常飛向1930年代遍布田野的台灣，幼年的我，與日本小友人無憂無慮地赤足奔跑在田埂山林間，吸收泥土的芬芳；在夏日蟬鳴聲中，我們一同爬上枝葉茂密的厚實大樹，眺望屋舍山景；在小學校因學習成績優異，受到日本老師的讚賞；在規律的秩序、乾淨的環境下，感受到統治者的用心與能耐。儘管殖民者有萬般不是，對熱愛學問的我而言，我持續感受到這個民族對讀書人的尊重。

　　我的求學之路蜿蜒曲折卻充實豐富，蓋因當年教育體制的複雜，以及時空遷移之迅

速。離開了小學校，我就讀乙種工業學校機械科。卒業以後，17歲的我開始在專賣局板橋酒廠擔任雇員，並繼續自學，陸續通過專檢八科考試、國家普通文官考試。通過專檢的我才真正擁有中學學歷，得以進入高等學校。不料，才剛入學台灣第二師範學校，太平洋戰爭吃緊，我成為學徒兵，課業荒廢了四個月。戰後，政治環境有了大變化，對我來說最大的改變，是從二十年來的日本人身分，搖身一變成為中國人。我沒有很認真地去適應國籍，因為滿腦子都是如何實現自己就讀大學的夢想。最後，我打聽到可以日本的文官普考證書，申請考進入大學。已經離開台灣的日本政權，卻為我開啟進入大學之門，歡喜的同時，也有股說不出口的惆悵。總之，我在21歲那年，考入台大化工系就讀。

　　打從在酒廠服務開始，我持續公務員的身分，一直到1991年8月退休。終戰後的公務員不僅社會地位低落、薪水貧窘，要升遷又是難上加難。在接近五十年的公務員生涯中，幾次出現逃走的念頭，也確實離開過。但冥冥之中似乎自有定數，最終我還是回到了公務員這條路。事實

　　上，我在擔任公務員期間，被徹底地培育，除獲得前往日本留學的獎助機會，並多次至國外考察，見識到先進國家的發展；拜公務員之賜，也順利完成研究，取得京都大學工學博士學位。今日回首來時路，我為自己長年的公務員身分感到自豪，因為是公務員，得以奉獻社會，為我最愛的台灣人民鞠躬盡瘁，更讓我在一生當中，做了數不清有意義的工作。

　　自1955年底開始，我踏入環境保護領域，此後的32年間，不斷以自己的力量開創環保業務。由我開始，建立客觀的食品衛生稽查；由我開始，首度引進密閉壓縮式垃圾車，並創意讓垃圾車抵達前播放音樂；我也主持草擬各種公害防制法、引進環境影響評估制度、建立台灣的環保行政體制與環境品質監測系統。我很自豪因為我，今天八里有美麗的海岸、翡翠水庫能提供優良的水質、台灣河川被硬性洗潔劑污染提前結束。但最讓我驕傲的，是培育了許多環境科學領域的出色青年，如今他們都成為政府各處重要人才、教育界的播種者、環境保護領域的先驅。「杖朝之年」的自己，真的感到無比充實與歡喜。

　　感謝我生命中的恩人：故行政院秘書長費驊先生、故行政院政務委員李國鼎先生、故行政院衛生署署長顏春輝先生、許子秋先生，在他們的支持與推薦下，我數度獲得獎助金出國研究考察，更得以在1972年執全國環境行政之牛耳。1982年起，我在規模擴大的環保局大刀闊斧地改革，在台灣建立起與世界先進國家同步的環境保護基礎。

　　在一生當中，最要感謝的，卻是默默伴隨我奮鬥的糟糠之妻，因為有她賢明地持家，我才能無後顧之憂地在外闖蕩。她偶爾叮唸我「你啊！做事沒做完就不回家、不吃飯」、「讀書專注到連小偷來了都不知道」，我只是笑笑帶過，心中卻感到這是甜蜜的呵責。我與妻子的人生座右銘——「誠實」，來自諸般攜手奮鬥的親身體驗，我認為好運不會從天而降，但神佛會庇護誠實、努力的人。我希望將我一生秉持的精神傳遞給子孫們，也是因為如此，有這本回憶錄的誕生。

　　過去一點一滴平凡踏實的努力，積聚成為晚年回顧時在心中發酵的甜汁瓊漿。當我不自覺在嘴角溢出微笑時，深知那是許許多多成就感所賦予我的回饋。最後我只想

說，經歷半百的公僕人生，我，毫無怨悔。

莊進源 于至善居

目次

- 2001與前總統李登輝先生合照
- 2001全家福
- 2004八重山歌會合照
- 夫妻於八重山歌會合影
- 八重山歌會優良賞
- 八雲放膽獎狀
- 2004福爾摩沙獎狀
- 福爾摩沙環境獎

第一部

我好喜歡上學

1926～1950

　　1926年(大正15年)8月31日，我誕生於台北州台北市日新町(現在的天水路)。那一年，磯永吉教授在台灣試種蓬萊米成功；而在對岸，剛剛爆發中山艦事件，國民革命軍動員北伐。現在一起定居島上的台灣人們，祖先當時可是屬於兩個不同國家的人，台灣島由日本人所統治，而海的那一頭，是剛脫離帝制的新生中國。兩邊的人們，感覺上是這麼的遙遠，但在二十多年後，因為緣份而聚在一起。

　　皇民化運動時，各個家族都被迫改姓，我的名字也成為古莊源太郎，但在我弱冠之年，日本人因戰敗歸國，台灣成為中國的一個省份，我便改回原名。而一九四九大遷徙後，又是一個新的局面。生長在改朝換代的台灣，我接受不同的教育、經歷了豐富的人生。如今，我已年過八十，希望能將回憶付諸文字，留下在那些年種種難以忘懷的點滴，作為我走過的二十世紀，台灣歷史的一小部分。

我的童年(1926～1939)

　　我的祖父莊穀庭生於清朝，是新竹林本源家的總家長。「總家長」大概就像「總管」之類，負責打理主人家中大小事務，例如收取田租、帳務管理、合約擬定、土地買賣等。外祖父吳金水則在地方上擔任保正，非常有錢，地位又高，可以掌控當時總督府特別授權、委託銷售的鴉

片。這樣的工作需要擁有廣大人脈，黑白兩道都需要交好，所以可以說他是混「半黑道」的，有些人私底下稱呼他「文流氓」。

我父親是養子，因為祖父工作的關係，從小就在林本源學堂自學，他聰明好學，寫得一手好毛筆字。祖父為他起的名字單一個「玉」字，但父親一直覺得莊玉這個名字很像女生，讓他常常感到難為情。1940年代皇民化運動時，他改名為古莊正義，終戰後就以「正義」為名，是為莊正義。母親則出身有錢的地方人士，個性略微驕縱，但與父親結婚後，因環境的改變，成為刻苦耐勞又奮鬥的媽媽。我是莊家的長孫，出生時，受到祖母百般疼愛。三歲那一年，祖母特地上街買一頂福州孩子常戴的小帽子給我。我很喜歡這頂帽子，總是戴著它四處遊玩，家人常說我像個福州孩子一樣，後來我的小名就被叫做「福州」。

父親結婚後，曾在廈門做衣服買賣生意，但經商失敗，因此回到台灣，打算去應考相當難考的日本警察(當時叫做「巡查」)，那時我大約三歲。據母親說，在父親拼命地苦讀下，終於順利地考上而錄取警察教習所，經過為期一年的基礎訓練後，便分發到地區去服務。之後由於人事的調動，父親被派任於不同的地方擔任巡查，也因此開始了我們一家人輾轉不定的生活模式。

太平山上的童年

「嘿依～嘿依～」，轎子外面傳來一聲又一聲原住民的抬轎聲。我與父母親以及祖母，分別搭坐三頂轎子正前往宜蘭太平山上。那時太平山上只有一間辦公廳，與警察宿舍相連，父親在這裡辦公，我們一家四口也住進了唯一的宿舍。這是父親第一次任職警察工作，而太平山也是我對童年最初的回憶。記得宿舍前有棵幾乎遮蔽半天邊的大樹，我經常一人在樹下玩耍，只是每到夏天時，樹下就會出現很多的蛇，讓年幼的我興奮又害怕。

小時候，父親工作的範圍遍及蘭陽地區，我們家前前後後搬到過太平山、三星、員山、羅東、頭圍(現在的頭城)及宜蘭。雖然住的地方不固定，常常要搬家，但現在回想起來，我早已習慣這樣輾轉漂泊的警察家眷生活。能夠到各式各樣的地方，認識不一樣的人、事、物，在我的童年生活裡，成為相當有趣、新鮮、令人期待的事情。

童年最深刻的回憶，就是在宜蘭太平山的兩年生活。我和山上的原住民打成一片，原住民的叔叔伯伯總是背著我到處遊玩，我跟著他們在山間打獵，也常到池塘裡游泳。原住民常會拿一些人工織布、山地獵物、農作物來跟我們交換生活必需品，母親常對我說，原住民的織布非常珍貴，布料好、織工細，所以我從小就很喜歡原住民的織

布。有些農民也向我們索取水肥，作爲他們的農作肥料。那是一個很單純的年代，大家彼此間固守自我本份，互信合作，日子過得很平靜。

我四歲那一年，發生了霧社事件，事件後日本人改變了治台方向，一方面警察全面配戴刀槍，以防叛亂再起；但實際的政策卻是懷柔，刀槍並不作爲逞暴之用。另一方面，日本警察被要求要學習台灣話(閩南語)，每一位日警手上都有一本台灣語課本，好讓他們隨時學習。我認爲日本真正地把台灣視爲自己國家的一部份來治理，絕不輕易馬虎。

小時候的我，常常眼巴巴望著父親的佩刀，心想不知道這把刀是真是假。有一次趁他不在家，我將佩刀抽出鞘，想要試著切什麼東西，結果發現刀子是鈍的。原來佩刀只是爲了讓警察看起來有威嚴，但這把「兵器」卻無法傷害人。

防天花、殺蚵蟲

1895年日本人登陸台灣時，在水土不服之下，許多士兵死於瘧疾，因此治台期間，日本總督府積極致力於各項衛生建設，也非常重視人民保健問題。例如小學畢業前，一定要「種痘」，也就是施打預防天花的疫苗。每個小學生的「種痘」日期，都會清清楚楚寫在畢業證書的背面。

　　但是寄生蟲的防禦就比較麻煩。因為當時並沒有化學肥料，農作物的施肥都必須使用水肥(人畜排泄物)，因此極容易滋長寄生蟲，尤其是蛔蟲。身為小學生的我們，每年都規定要服用驅除蛔蟲的藥片。記得每年到了吃藥這一天，回到家我都不敢上大號，因為蛔蟲往往會跟著糞便排出體外，還必須用手把蟲子整條拉出來，頗為可怖。但這是每年必須面對的現實，到了最後還是要到廁所與蛔蟲「奮戰」。如今衛生情況極佳，恐怕難以想像這般窘境。

困窘的經濟‧孩子的甜蜜

　　在當時的台灣，人民生活不算富裕，薪資所得也不多，大都過著自給自足的生活。但擔任警察的父親，一個月有30圓(1圓＝100錢)的薪資，稱得上小康。村子裡有幾間雜貨店，付給雜貨店的帳款往往是每一戶人家最大的開支。雜貨店中有好幾本「通帳」(記帳本)，一家一本，去買東西時不必立即付現，只要登記在「通帳」上，月底結清即可。現代因健康因素，被很多人抵制的「味精」，在當時可是既希有又貴重的商品，1錢只能買到的味精，體積比方糖還小，雜貨店老闆小心翼翼地用紙包起來，這一包就是一家人一星期的用量。通常父親一領到薪水，第一筆開銷就是去雜貨店結帳，他的薪水雖然不錯，但常常結完帳後，薪水袋內已經所剩無幾。1930年碰上全球經濟大恐

慌，連續好幾個月，父親月薪都被減少1圓，對我們家的
影響甚大。

　　儘管日子難過，小孩子愛吃糖的心還是少不了。記得
有一次母親叫我去買一斤豬肉，那時候豬肉一斤約10錢，
但我只買了9錢的豬肉，把1錢收了下來。當時的1錢相當
於現在的10塊錢，一般父母給家裡小孩的零用金頂多是5
錢，所以對我們孩子來說，1錢已經不是小數目，可以買
很多零食。我把那「1錢」謹慎地放在口袋，一路東張西
望地跑到了雜貨店，唯恐被人發現我偷藏了零用錢，最
後，買了餅乾和幾顆「金含糖」，我滿足地將糖含在嘴
裡，那股濃濃的甜意至今難以忘懷。雖然如願以償，心
中還是畏畏顫顫，因為我一直記得住在頭城的時候，有
一個朋友偷了他母親的50錢，請其他3個同學到處去吃喝
遊玩，後來媽媽發現，被打得半死，相當凄慘。好在我
的「1錢祕密」一直藏得很好，到現在成為心中甜蜜的回
憶。

轉讀小學校

　　在八歲時，我前往羅東公學校就讀一年級。期間，我
最拿手的科目是算術(數學)，每次都拿到滿分，其他科目
也有不錯的表現，因此常常得到學校頒發的「成績壹等
賞」獎狀。當時的公學校為本島人(台灣人)就讀的學校，而

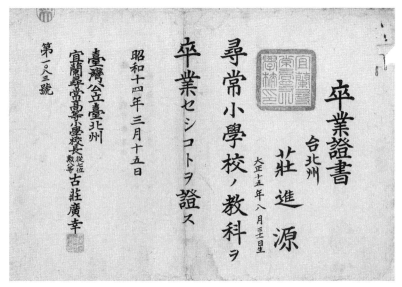

1939小學校畢業證書（背面為種痘證明）

小學校是給內地人(日本人)讀的。只有極少數的本島人如教員、警察、政府官史，或有錢人的子弟，有資格到小學校就讀。父親覺得我的成績表現不錯，所以替我申請了小學校。在通過轉學考試(考日文及算術)後，我便轉入羅東小學校就讀二年級。

　　一年後，因為父親轉任至頭圍警察所服務，所以我轉學到了頭圍小學校。該校學生不到五十人，分兩間教室上課，一間為低年級(一至三年級)學生，另一間為高年級(四至六年級)學生，每間教室僅由一位老師擔任教學職務。然而，約一年後父親又再度被派任到宜蘭地區警察所，因此

我又轉學到宜蘭小學校就讀四年級，之後一直讀到畢業。

最討厭放假！

在宜蘭小學校三年期間，我受教於很多日本老師，其中印象最深刻的便是導師——松下正信老師。時至今日，大多日本老師的名字我都已經不記得，唯獨牢牢記得松下老師的全名。松下老師是一位終生奉獻於教育、富有熱誠、值得尊敬的老師。更重要的是，老師並不會歧視本島人，他總是平等地對待學生們。在松下老師的教導下，我一邊受著基本教育，一邊過著愉快的童年生活。

我兒時最快樂的回憶，大抵就是在宜蘭小學校的三年學生生活吧！那個時候，我非常討厭休假日。因為像是星期天或例假日，不用上學，我就無法學到新知識、無法認識新朋友、無法與同學一起玩樂。更糟的是，假日都必須在家裡做家事。身為長子的我，平時放學回到家，要燒洗澡水、幫年幼的弟弟洗澡、餵養雞鴨……，所以一到星期日我巴不得可以奔向野外，和同學玩也好、讀書也好，總之不要待在家裡，對我來說，可以上課的生活才是真正的快樂無比。小學的生活很輕鬆自在，除了工藝及圖畫課讓我略感困擾，其他所有科目只要在課堂上認真聽講，我便可以完全吸收老師所教的內容，下課後也不必花什麼時間便能迅速完成作業。

　　下課後大部分的時間，我會去朋友家玩，或是一起在學校運動場上跑跑跳跳。每年學校舉辦的運動會中，我都會參加田徑項目的比賽。五年級開始，男生都要學習劍道，我很喜歡練劍，還得過全校劍道比賽冠軍，代表宜蘭小學校到台北參加全島比賽，不過很可惜地輸了。

　　在學校裡，我最喜歡、也最拿手的學科是算術和歷史。我的算術成績是班上算是數一數二，任何問題都無法難倒我，同學遇到難題時就會來找我問東問西，我因此成為同學眼中的「算數小博士」。歷史則一直是我擅長的科目，小學時期，不僅能背出124代天皇的名字，以明治時期「古文調」文寫成的「教育勅語」，更是朗朗上口。不過我也有討厭的科目，像是地理及博物(生物、礦物)。在班級內，我的成績一直都維持前五名，每一次的升學模擬考試也都在前十名內，所以同學都很看得起我。

　　小學五年級那一年(1941)，中日戰爭爆發，日本原以為兩年就可以結束戰爭，沒想到蔣介石以「焦土作戰」為策略，粉碎日本將中國滅亡的理想。因此，蔣介石這個名字傳遍台灣，這也是我第一次認識這號人物。沒有想到這年起不到十年，此人登陸台灣，成為台灣最高統治者。

　　儘管對岸陷入艱辛的作戰，但我們還未聞到戰爭的硝火味。12歲那一年，我開始從父親的書架上抽出漢文小說《三國志》，我知道這是中國著名的歷史小說，看起來也

很有趣，但我左翻右翻，最後只能放棄，全漢文的書對我來說太艱深了，實在讀不懂。因此我踮起腳尖「偷拿」書架最上層的愛情小說來讀，菊池寬《第二の接吻》是我讀的第一本愛情小說。

記憶中的學習小夥伴

畢業數十年後的今天，我的腦海裡還存在一些同學的名字。有日本人松本六成、橫山茂、粟千惠，以及台灣人甘芳銘、林淑堤、羅金員。

松本六成是礁溪小學校長的兒子，同時也是我們的班長。他跟我非常要好，我也常常跑到他家去，我們是一起讀書的好夥伴。松本同學的父親是一位典型忠君愛國的日本人，每一次在紀念節日典禮上，松本校長照例要訓話，他總是在講到天皇恩典時就會感激流淚。昭和18年(1943)，松本六成已經從台北一中(現在的建國中學)畢業，正就讀台北高等學校，有一次我們倆在路上巧遇，閒聊了不少。後來得知他進入台北帝大醫學部，後來成為很優秀的醫生。

橫山茂的家在警察宿舍附近，因為住得近，我常去他家一起做功課，印象中他也很愛讀書，後來就讀台北商業學校，不過終戰後就失去聯繫。粟千惠是旅館老闆的女兒，功課很不錯，可以說是女生中成績最好的，她常常來

找我討論算術難題。

　　甘芳銘的父親甘阿炎先生是當時宜蘭公學校的老師，因為父親的關係，他得以在小學校讀書。我們倆都是小學校中少見的台灣人，因此特別要好，我在學校講閩南語也只有他聽得懂，因此更拉近了彼此距離。小學畢業後，他考上基隆中學校，而他父親也在終戰後轉任職宜蘭縣縣長，可惜我們後來失去了聯絡。林淑堤、羅金員兩人後來進入蘭陽女高，而我上大學後，在台大教授我理論化學的老師林謂川，竟是林淑堤的兄長，實在相當有緣。

　　昭和14年(1939)3月15日，我自宜蘭小學校畢業，由於畢業證書保留至今，我才記得畢業時的校長是古莊廣幸。翻到畢業證書背面，可以看到我種痘的日期。至今回想，我能度過一個健康強壯的童年，要感謝生長在日治時代的台灣，日本人將那個時代世界最先進的衛生技術引進台灣。雖然常在書上讀到，或耳聞種種日本人欺壓國人的事情，不過我個人都沒有遇到過這些不公平的事。我想這是我的運氣吧！因為日本人相當敬重會讀書的人，恰巧我非常愛讀書，成績也好。總之，我的童年在濃厚的讀書興致下，獲得了不錯的學習成果，也因熱愛運動鍛鍊出強健的身體，不過小學校畢業後，就要面臨人生重要的升學問題了。

棄高等科就讀機械(1939～1944)

　　日治時代的台灣家庭，一般都不富裕。因此在小學校畢業後，家長多半希望兒女能就讀職業學校，學個一技之長，這樣畢業後馬上可以求得工作、幫忙家計。少數富裕或高級官吏的家庭，因為有能力提供學費讓兒女從中學、高等學校讀到大學，才會在小學畢業後選擇中學就讀。因此昭和14年(1939)小學校畢業那年，班上考中學的同學並不多。在我的記憶中，只有松本與甘芳銘兩人進入中學就讀，其他有升學的同學則進入當地的宜蘭農林學校、蘭陽高等女學校，或州立台北工業學校，但在我的印象中，大多數同學困於經濟因素，直接去工作的相當多。

　　我從小就夢想著能成為火車「機關手」(駕駛員)，加上家庭經濟的考量，於是我選擇應考州立台北工業學校。當時，台北工業學校是台灣考生的第一志願，只有小學校的優等生，或有兄弟在該校就讀的人能夠進入。由於成績一直都挺優異，我抱持著很大的希望，從鄉下至臺北應考。但當時的考試所注重的是家庭背景，成績反倒其次。日本人的家庭自然不用說，先天就已經加分了；而同為台灣人，若有兄姐是在校生，錄取機會也高。我一個鄉下來的小學生，毫無背景，果真一敗塗地，榜上無名。然而，一向成績差我甚多的日本人同學卻考上了，小小年紀的我受

到極大打擊，卻也無可奈何。考試落榜後，我留在宜蘭小學校就讀高等科，繼續思考未來的道路。

上榜商工學校機械科

　　約兩個月後，私立台灣商工學校(今日的開南商工)的建築科與商科升級為「甲種」實業學校，因此入學考試順延至六月舉行。那時候，完成高等科兩年的學業後，便有資格報考「三年甲種實業學校」，畢業後等同「中學畢業」。但是我才剛從六年制的小學畢業，故只能報考「三年乙種實業學校」。乙種學校畢業後，要再通過「專檢」(專門學校入學者檢定試驗)或「高檢」(高等學校入學者檢定試驗)，才能擁有「中學畢業」學歷。

　　本來，我對台北工業學校志在必得，沒打算報考私立台灣商工學校。但落榜後正逢台灣商工學校招生，當時無心就讀高等科的我，得知我可以報考「乙種」機械科，馬上去應考。在四百名考生中只錄取四十名的激烈競爭下，順利上榜該校機械科。

人生第一個低點

　　成為機械科新鮮人的那一年，因為家住宜蘭，在父親的拜託下，我寄住在台北的伯父家中。但家裡經濟非常辛

苦，父親沒有多餘的錢補貼給伯父作為我的生活費，因此我在伯父家中受到冷眼對待，睡覺的地方是客廳臨時搭起的木頭床，吃飯也不敢盡情地吃。每天晚上睡覺時，我都握著臨行前母親送給我的貴重手錶，想念家鄉。某個晚上睡到一半，我從床上滾到冷硬的地板，猛然驚醒，摸著疼痛的手肘，想到自己遠離家的溫暖，不知不覺竟落下淚來。

　　因為每天過著壓抑情緒的生活，我的功課表現很不好，在班上40人當中，我的名次都排在後面，最糟還考過第36名。一向不擅長的製圖課，更是只能得到丁等的成績。最慘的是，有一天我早上起床，竟發現母親給我的手錶不翼而飛，我難過得一整天說不出話來，其實也無人可傾訴。那年，真是我首次嘗到人生的低潮。有一天，祖母來看我，還沒說話我就熱淚盈眶，讓最疼愛我的祖母非常不捨。

　　母親知道我的委屈後，安排我住到外祖父家。外祖父家經濟寬裕，於是從二年級開始，我好像甦生了一般，成績扶搖直上，外祖母甚至要我擔任小阿姨的家庭教師。1941年7月，父親轉任板橋就職，我終於可以住在家裡，每天坐火車通勤上下學。14歲這一年的寄宿生活有苦有甘，我很慶幸因為吃過苦，往後的人更能體會甜味、充滿感謝。

中學時代的回憶

在商工學校時代時，我學習到最實用的技藝，或許可以說是算盤吧！我的算盤撥得又快又準，而因學習算盤練就的心算能力，對往後的工作也有不小的幫助。開始工作後，長官覺得我的計算功力相當不錯，因此第一個派我去學習新式手搖計算機。至今，我在加減法方面仍是使用算盤，而且比按計算機快多了。不過中學期間最難忘的大事，要數一個非常特別的紀念日。

1940年11月3日，是皇紀2600年紀念日。皇紀的推算，始自日本第一位神武天皇，神武元年大約是西元前660年，因此日本第124位天皇昭和在位的第15年，即是皇紀第2600年。這一年，舉辦了萬國博覽會，也在台灣推行「台灣人改名運動」，商工學校二年級的我，在這年改名為古莊源太郎。改名對我而言，時代意義甚於名字本身轉變的意義。

我曾經觀察日本社會，注意到每個時代都有相應的流行樂，音樂能誠實地反映社會狀況，好比改名這個運動，反映了日本對台灣政策的改變。例如1930年代流行的是哀調樂，〈裏町人生〉、〈酒は淚か溜息か〉傳唱於社會，當時連四五歲的我也能跟著哼上一兩句；而當1950年代，戰爭結束後數年，日本洋溢著朝向未來的希望，因此日本

人生氣勃勃地唱著〈青い山脈〉；1970年代日本經濟已臻繁榮，則跟著美國的尾巴流行起爵士樂。回到我的中學時期，時值1940年代，這是戰爭的年代，爲了宣傳對天皇、國家的效忠，此時盛大流行〈サヨンの鐘〉這首歌。〈サヨンの鐘〉同時也是一部紅遍全台灣的電影，講述一位原住民女性，協助即將前往中國戰場的日本巡警老師搬運行李，他們在宜蘭山區遇到暴風雨，經過獨木橋時，サヨン不幸失足落水，河流湍急，再也救不回來。日本在台總督知道這個故事後，表揚サヨン爲國捐軀的行止，甚至親自接見其家屬，般贈一座銅鐘來紀念她。這是一部當年幾乎所有台灣人都看過的電影，我們班上的同學對此歌也朗朗上口。

我開始聽流行音樂、哼唱流行歌的同時，也大量閱讀小說。小時候只知道書名的《三國誌》，此時開始在報紙上連載。但並非我的漢文進步了，而是大文人吉川英治在讀過通俗三國誌的譯本後，翻譯改寫成報紙連載小說，我和同學都爭相閱讀。在《三國誌》的故事裡，我最欣賞孔明的機智和趙子龍的義氣，每回讀完都心緒澎湃，湧現一股「未來定要做番大事業」的氣概。吉川英治不只《三國誌》精彩，他創作的《宮本武藏》也相當膾炙人口。此外，透過閱讀《羅生門》、《我是貓》、《源氏物語》等日文經典名著後，我認識許多大文豪如紫式部、芥川龍之介、夏目漱石等等。沉浸在歷史小說的時光非常快活，我

的視野因而開闊，理工科出身的我，也因而擁有不差的文學素養。

從前不懂漢文的我，更在中學大開眼界地接觸到唐宋八大家所寫的中國古文，以及兩代的詩人、詞人。印象最深刻的是韓愈所寫的「天時地利人和」，短短六個字竟蘊含一件大事的成功關鍵；還有白居易描寫唐貴妃「回眸一笑百媚生」，令人心神嚮往。在運動方面，我對柔道產生興趣。但當時台灣最熱門的運動，則非棒球比賽莫屬。很多學生都在打棒球，瘋狂迷棒球，其中，嘉義農林學校棒球隊更代表台灣前往日本明治神宮參加全國性比賽，得到亞軍，震撼了全日本。

逃過一劫

機械科三年級那年，太平洋戰爭爆發，戰火頻傳。雖然在日本有軍官學校培養軍官，但士官人數仍然相當缺乏，因此軍事單位開始到大學以下的學校招兵買馬，募集「特種幹部候補生」。一般來說，普通大學畢業後從軍者，可成為「幹部候補生」；學籍低於大學之學生從軍者，就冠上另一種名稱叫做「特種幹部候補生」。

某次，募兵召集人來到我們學校招考「特種幹部候補生」。考試前，負責召集的軍官在全校學生面前，語帶威脅地表示，每個學生都必須應考，不要假裝不會寫而亂寫

一通，因為閱卷的人都會仔細地去看每個學生所寫的答案。在長篇的訓話之後，他還說：「不願意參加考試的人可以站出來。」想當然爾，沒有任何學生敢站出來，我也不例外。當時戰況緊急，被招募的年輕人有去無回，記得班上3位去當兵的同學，在前往菲律賓馬尼拉時，還沒登陸，整艘船艇就被炸掉，無人倖存。為了逃避參加募兵考試，我在考試當天請了病假，還好有醫生開的診斷書證明，才能逃過一劫！

商工學校的優秀校友

當時，升學不容易，一般來說，從公立中學畢業的台灣人，100人中也只有10人能考上高專學校。但我就讀的是私立學校，我們班40人，後來卻有4人考上高專學校、進而就讀大學。除了我之外，另外3位黃振榮、陳旭村、何智謀都是我的好朋友，我們經常一起努力讀書，互相扶持。黃振榮是我一生中最佩服的其中一人，他對未來非常有規劃，幾歲要去哪裡、完成什麼事情，無一不明確堅定，後來他確實逐步達成人生一個個目標，甚至成為美國某大學的副校長。

陳旭村考上成功大學建築系，但後來接手家族企業，改行從商；何智謀在師大數學系畢業後，成為台北工專的數學教授。對於他們擁有如此成就，身為好友的我實在與

有榮焉。

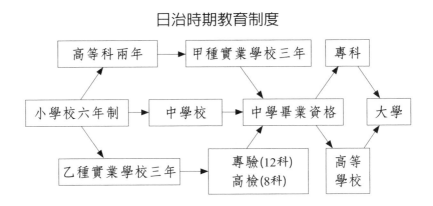

日治時期教育制度

半工半讀取得中學畢業資格

由於「上大學」一直是我的主要目標，為了取得應考「專門學校(專科)」或「高等學校」的資格，在上三年級之後，我開始準備「專檢」(專門學校入學者檢定試驗)考試。這一年，日本和美國開戰，英語成為敵方的語言，因此政府全面廢止各級學校的英語教育。但為了應付專檢考試的「外國語文科」，我繼續攻讀英文。後來我能以英文發表論文，全是因為在此時所奠定的英文基礎。

我在商工學校畢業後，考入專賣局板橋酒工廠，在工務組服務，負責相關製酒機械的保養。在酒廠一同工作的同事彭續福先生讓我印象深刻。彭續福本身是台北工業學校高材生，他志在考入日本第一名校——東京第一高等學

校。彭先生時常鼓勵我要繼續升學，在工作之餘也經常和我一起讀書，是我非常棒的讀書夥伴，我們一起討論學問的那段時光真是難以忘懷，他的支持與陪伴成為我向前邁進的動力，對我影響極大。不料，後來彭先生在很年輕時便因肺結核而過世，實在令人惋惜。

一年後，父親從警察職位退休，進入地質調查所擔任總務科長。由於這層關係，我轉職到台北的台灣總督府工礦局礦務科，負責統計的工作。當時已經出現最新的手轉式計算機，在辦公室的四人當中，我使用得特別熟稔，加上屬一屬二的心算能力，受到長官重視。

但是來此工作的真正原因，是因為可以兼顧我為了專檢，而在夜間化工科進修的學業。無奈白天工作、晚上讀書實在耗費體力。記得下課後只能搭最後一班火車回板橋，但我卻常在等車時睡倒在當年台北車站前面的大草坪上。有一次沒來得及甦醒，就這樣狠狠地錯過末班車，只好央求站長讓我搭載貨的火車，才得以回到家。

在礦務科工作期間，我面臨生平第一次出差。1944年，因公務需要，前往花蓮考察採礦業務，主要是看花蓮的砂金、大理石之開發狀況。當時往東部的交通極不方便，今天的蘇花公路尚未開鑿，舊道是單向臨海道路，一邊是山、一邊是斷崖，非常危險。因此，要到花蓮得先在蘇澳住一宿，第二天一早再乘坐巴士，沿臨海公路前往，總路程約費12小時。沿途頻頻經過懸崖峭壁，讓

我膽戰心驚。才19歲、沒見過世面的我，內心不斷喃喃
自語：「今後絕不要再來這個地方！」不過後來還是來了
許多次。

　　那段期間(1943～1945)，日本的戰爭情勢已經非常不
妙，進而影響到台灣的物資短缺。我與同事常在午飯之
後，前往西門町排隊購買最典型的日式甜點——紅豆湯。
但那時日本國內已經極度缺糖，台灣因為盛產甘蔗，能自
產蔗糖，我們才幸運地有紅豆湯喝。但那時流傳一個故
事，據說某個夜黑風高的夜晚，一位台灣父親接到一通來
自日本的緊急電報，此時父親心想一定發生了什麼重要的
事情才會緊急發這通電報。不料，兒子傳來的訊息是：
「日本那邊相當缺乏糖，希望父親速速寄一些過去。」看
到這樣的電報內容，父親實在啼笑皆非。但由此可見，日
本國內物資缺乏的窘境。

　　從1941年10月一直到1944年8月期間，我陸續取得圖
畫、國語、歷史、漢文、化學、數學、物理及公民科共八
科的合格證書，相當於通過高檢資格。上述八科再加上地
理、博物、修身、外國語文，便是專檢考試十二科的項
目。考試科目有許多必須自修，在歷史科的準備上，我取
得台北第一高等女學校所使用三本歷史教科書，包括日本
史、東洋史、西洋史，將內容完全背誦。另外，由於從未
學習過化學，我選擇在台北夜間工業學校應用化學科就
讀一年(1943～1944)。就是在這個時候，我對化學產生了興

趣，後來才會選擇台大化工系就讀。在全力以赴之下，我終於在1944年夏天拿到了進入高等學校的門票，也等於取得中學畢業資格，相當喜悅。

通過普通文官考試

　　1944年5月，我也參加了台灣總督府所舉辦的普通文官考試(類似今天的普考)。當時的普通文官考試相當嚴格，有一連串的考試科目，光是筆試就要連續考三天。前一天的考試科目在隔天便會公布結果，及格者才可以繼續參加之後的考試。第一天考完數學，差不多刷掉約175人的一半應試者；第二天考作文，又刷掉一些；剩下的150人繼續在第三天參加行政法、經濟學等專業科目考試，考後，只有75人進入口試階段，很幸運我是其中之一。還好，口試只考「法制」與「經濟」兩科。

　　剛進入「法制」的口試會場上，我就頻頻發抖。神情肅穆的日本人考試官出了一道問題：「日本天皇是否可以在不經帝國議會同意的情況下，直接批准法令？」由於我事前早已熟讀76條憲法，當即很有自信地回答：「依照帝國憲法第五條，必須經過帝國議會同意才可以施行法令。」不料，日本考試官暗示性地對我說：「這麼說來，帝國議會有權利控制天皇囉？」他更引導性地追問：「你確定？是否有其他法條？」我被這個反問嚇了一跳，也恍

然大悟。當時正是皇民化運動期間，總督府常宣導天皇是高高在上、不可侵害的象徵，所以我立即更正了答案。由此可見，日本考試官並不是那麼嚴苛，還是會替我們這些毛頭小子開條生路。

而在「經濟」的口試會場，主考官是一位台灣人，我還記得他叫做林益夫，擔任台灣總督府金融課長。林考試官問我：「何謂邊際效益？」我立即將書中讀到、已經背得滾瓜爛熟的解釋說出來。考試官問我在經濟學方面研讀的是讀哪本書？我以「河津教授的經濟原論」回答他。不料，他接著問道：「對於這本書中的邊際效益理論，你有什麼看法或批評？」聽到這樣的問題，我滿臉苦腦、老實地回答說：「為了準備普考，光把全部的書背誦起來就已經很吃力了，怎麼會有餘力去思考要批評什麼呢？」聽到這樣回答，林考試官笑笑地跟我說：「這樣就可以了！」就這樣，雖然不是很令人滿意的口試，但我還是順利通過。當時參加口試的都是30～50歲的人，而19歲的我，竟是50位合格者中，年紀最輕的考生，也是年齡最小的錄取者。

通過文官考試後，更加得到礦務科長官的器重。有前輩對我說，我只要繼續在那裡工作，兩三年後便能做到「判任官」的職位。一般中學畢業生要工作10年以上才能升到判任官，當時僅擁有中學畢業資格的我，卻因為在文官考試中脫穎而出，而擁有看似璀璨的公務員前程。後

來，我一直半工半讀，這份工作持續到我大學畢業。因為改朝換代、時代遷移，升作判任官的夢想沒有實現，但我一踏入社會甫從事的「公務員工作」，卻持續了一生，一直到退休為止，我幾乎都在當為人民服務的「公務員」。

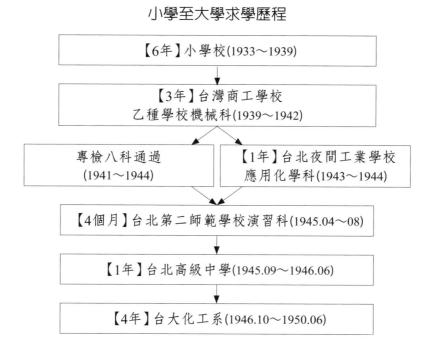

小學至大學求學歷程

【6年】小學校(1933～1939)

【3年】台灣商工學校
乙種學校機械科(1939～1942)

專檢八科通過
(1941～1944)

【1年】台北夜間工業學校
應用化學科(1943～1944)

【4個月】台北第二師範學校演習科(1945.04～08)

【1年】台北高級中學(1945.09～1946.06)

【4年】台大化工系(1946.10～1950.06)

終戰前後(1945～1950)

參加普考的該年12月，我也以專檢八科及格的資格(相當於「高檢」合格)，參加台北第二師範學校演習科(相當於高

等學校)入學考試,結果順利上榜。但尚未入學,便因戰爭的一敗塗地而收到徵兵命令。

那是一個充滿殺戮的無奈年代,破壞了學生本該擁有的求學環境。1944年9月,總督府開始對台灣人全面徵兵,在這之前,日本對外戰爭的兵士將領都是日本人,最多也只向台灣徵求士官志願兵,而局勢竟發展到要向殖民地全面徵兵,可見得敗勢已何等嚴重!我在1945年1月收到召集令,總督府礦務科按規定將我留職停薪,因此我卸下工作,和兩百多位台灣人一起集合在老松國小,進行一週的訓練。我們睡覺的地方,是在教室隨意鋪設的稻草床,稻草扎到皮膚很癢,加上跳蚤肆虐,真的非常辛苦。訓練完畢後,全軍移至基隆碼頭,充當碼頭物資的搬運工。當時戰爭拉起警報,美軍飛機常在白天來回飛行,進行要點轟炸與機關槍掃射。因此我們不能在白天搬運,必須在夜深人靜,約當夜晚七點至凌晨五點時,搶時間將貨物卸下。儘管白天睡覺、晚上工作,到了半夜12點,大家還是忍不住瞌睡,曾有弟兄因打瞌睡掉入海裡,還好及時救了起來。

在這樣辛苦的情況下,我卻因為是兩百多位兵士中,「唯二」懂日文的讀書人(另一位是洪敬義),幸運成為負責通譯的二等兵,不必搬貨。3月25日當天,我收到台北第二師範學校的入學通知單,洪敬義也收到台大預科入學通知單,因此我倆提前退伍,前往學校報到。

但是,1945年4月才入學不久,全校學生都被徵召去

當學徒兵。這時已經是戰爭末期了，日本在該年8月15日便戰敗投降，但4月的時候還在做最後的掙扎，由日本老師帶動學生參加戰爭，希望替祖國日本盡一份心力。

偷吃的哨兵

　　戰爭最可怕的，莫過於夜晚的空襲警報。當時，每戶人家一聽到警報聲，便立即關上電燈並立即前往防空洞避難。整座城市在沒有燈光下，儼然像座死城。防空洞內黑暗又潮濕，滿是蚊蟲。那時候環境上最大的隱憂是瘧疾，其感染媒介就是蚊子，大家都知道必須注意防範，但在躲空襲的窘境之下，哪裡還有心力防止瘧蚊？抵抗力比較差的老人或孩童，便在染病下過世。這樣不安定生活實在令人難以忍受。

　　但那個時候，我因為擔任學徒兵的緣故，必須前往羅東山地的「天送埤ルンピア」駐地生活，比起當時的城市，駐地反而燈光通明，不用害怕地待在濕冷的防空洞內。某一個夜晚，我與其他6位學徒兵被指派站崗哨，當我們在巡視廚房時，看到有一些剩飯，於是偷偷地吃了起來。不料，隔天一早，我開始肚子痛、發燒、胃痙攣，軍醫替我診視後，認定我是得到瘧疾，開了一些藥給我。但是，我清楚自己並不是瘧疾感染，只是因為吃太多飯所造成，但又不能說破，所以我將軍醫開的藥偷偷藏起來，沒

有吃它。在那個常常飢餓的年代，偶爾吃一頓飽還會鬧肚子，這就是戰爭下的可悲情況。這次的經驗讓我永生難忘。

賣書也要「輸(まける)」嗎？

　　二次大戰結束之後，社會生活貧困，很多日本老師出來擺攤賣書維生。有一次我看到一些想要的英文書籍，就向賣書的日本老師殺價。結果這位日本老師滿臉無奈地說：「戰爭都**輸**(まける)了，連賣書也要**殺價**(まける)嗎？」我當時也很窮，但聽到一位老師這麼說實在心有不捨，於是便以原價苦笑地買下。

　　由於日本人陸續歸國，出現了許多無人空屋，一些有權勢的人便任意占屋霸用。當時的竊盜情形日益嚴重，治安變得相當不好，其中尤其是腳踏車的失竊率極高，我便被偷過兩次腳踏車。曾經聽說這樣的故事，有位腳踏車被盜的人士，前往警局報警，不料警察置之不理，說：「那是你自己不小心，是你的責任！」聽到這樣的回答，那個人出了警局後，索性地牽了警察的腳踏車騎走，他說：「弄丟腳踏車是警察自己不小心，是警察的責任！」聽到這樣的故事，讓我哭笑不得。在日本統治時期，治安相當完善，如果到了戲院看電影，腳踏車就直接放在院外，根本不用害怕被偷；如果有腳踏車遭竊的話，日本警察也能

在兩天內尋回。而這樣安心的生活品質，就在短短的時間裡，全都變了樣，實在讓台灣人大爲感嘆。

進入第一學府──台大化工

　　1945年8月終戰後，台北第二師範學校成爲今天的國立台北教育大學。按照登記的學籍，我應該在那兒讀四個月了，但才剛入學就被徵召爲學徒兵，連學校都沒去幾天，不過台北第二師範學校給了我們一年的修業證書，所以我便以高中二年級的身分，轉學考進台北高級中學(原台北高等學校)就讀。隔年，聽說新政府的教育體制中，通過普考等同「大學」畢業。心想我在兩年前既已通過日本的普考，何必這麼老實地將高中念完？靈機一動，便在民國35年6月，以超過高中畢業的充分學力，考入台灣大學工學院化工科，同年10月開學，我終於成爲大學生！

　　就讀大學期間，由於二次大戰剛結束不久，台灣各地學校裡的老師資質參差不齊，有好有壞。中學尤其沒有什麼好老師，大家都埋怨不已。而我所就讀的台灣大學，很幸運地是菁英匯集之處，只是老師來自中國各地，都帶著各省的腔調，上海腔、浙江腔、四川腔、山東腔，加上帶著不同腔調的英語、德語、日語……交雜出現在整個台大，讓上課的學生非常頭痛，感覺就像在一間外國語言學校讀書一樣。好在老師們人都很親切，記得大一的第二外

語德文考試中，有個國語科女老師來監考，這位女老師的德語相當地好，在監考中，看到我們有些題目不會寫，就會偷偷地幫助我們，給我們提示一些答案，幫助我們順利拿到該科學分。到了大三之後，多國語言的情況逐漸改善，學校教育開始慢慢穩定下來。但是當時治安敗壞、人心恐慌等相關社會問題仍層出不窮。

通過普考、高考

　　大二那一年，我參加考試院舉辦的普通考試(普考)，獲得優等。記得縣政府還貼出公告，上寫「恭喜莊進源普考上榜」，好像古時的科舉時代考中狀元一樣，非常有趣。大學畢業那年(1950)，我又參加高等考試(高考)。還記得在進行有機化學的筆試當時，坐在我前面座位的外省人突然站立起來，然後若無其事地一邊削鉛筆一邊偷看我的答案，而監考人員竟然允許這樣的行為，讓我錯愕不已。

　　高考科目包括「憲法與三民主義」，事實上，我完全不清楚《中華民國憲法》的內容，而學校雖有三民主義的課，教授三民主義的老師皆為外省人，一向以日文為母語的我們，才剛開始學習中文，在課堂上都聽不懂老師在講什麼。於是學生紛紛以「聽不懂」要求換老師，每位新來的老師又都從民族主義開始講起，導致一整個學期下來，換了好幾個老師，卻只學到民族主義。這科考試我是真的

不會，因此只好用轉鉛筆的方式來決定選擇題的答案，監考老師因此一直注意我。

　　還好，除了「憲法與三民主義」之外，其他的科目都得心應手，因此順利取得高考證書。高考通過後，等於跳了四級，立刻由委任技士升上荐任技士。

我的第一位恩人：陳百藥先生

　　終戰後，我成為台北高級中學學生，而原先服務的台灣總督府礦務科，改名為隸屬長官公署下的建設廳礦務科。我因當年的留職停薪令，依然擁有礦務科職員身分。到新政府處室報到後，自大陸前來接收礦務科的長官陳百藥，看我雖不會說北京話，日語和閩南語卻相當流利，甚至還可以用英文溝通，便將我分派至化驗室，向一位日本礦物化驗人員學習礦物分析、工作交接。僅僅半年期間，我將技術完全吸收，成為化驗室主要負責人。化驗室位於台北市華陰街一處約40坪的獨立房屋，由於陳先生准許我以在職的身分同時兼顧學業，因此我得以自由地分配就學與工作時間。在台大就讀期間，我利用沒課的白天以及夜間到化驗室工作，其他時間則全心上課，和一般大學生沒有兩樣。我在礦務科的工作一直持續到1953年，能在求學期間同時擁有薪俸，都要感謝陳百藥先生的知遇之恩。

　　從小學到大學讀了近20年的書，也參加了許多考試，我和書本可說是相當有緣分。一方面那是個要讀書才能出人頭地的時代，另一方面我也在學習中找到了自己的興趣，並決定一生致力於研究。如果說我的人生有什麼樣的成就，我想這一切都奠基於25歲之前在學校的種種努力，我真的，好喜歡上學。

第二部

化工到環保之路

1950～1966

記平凡而甜蜜的婚姻

　　大學四年級那一年，我因在台北市立商業學校兼課，認識了我的妻子。那是在一次領薪水的時候，我和往常一樣走向出納櫃臺，在出納黃素惠小姐旁邊有一張陌生而清麗的臉孔，幫忙計數鈔票、分裝信封袋，偶爾與黃小姐開心地聊笑。看到兩位活潑的女孩子，我就上前和她們說了兩句玩笑話，一聊才知道，這位張小姐是三重國小的老師，今天是來做臨時工、幫忙發薪水的。黃小姐也不客氣，對我說：「莊老師，您領了薪水，不請我們喝個茶嗎？」我略感困窘地摸摸頭，想到自己打中學畢業開始，一直都是自己賺生活費，自從上了大學，因為兼課、加上獎學金，總算在生活費之外，還可以供妹妹讀書，不過也差不多剛剛好夠用而已，而今天領這筆錢是要給妹妹註冊用的。腦中雖然閃過這些念頭，不過什麼都不回應好像顯得小氣，我便從薪水袋倒出「銀角兒」，給她們買糖吃。

　　這位「張小姐」就是我後來的太太張宜君。宜君知道我正在台大唸書，告訴我她是第二女高的「逃兵」，雖然沒有畢業，但他覺得並不需要這張證書，唯一遺憾的是英文沒有學好。她說：「既然你是台大的『高材生』，請你教我英文吧！」我還記得自己當年回她的話，我是這麼說的：「女孩子不用念那麼多書，我們去看電影吧！我請你

1950新婚照

去！」我們倆都是受日本教育長大的，宜君擁有日本傳統
女性的特質，她也沒再多說，就和我去看電影了。看了一
部，又約看下一部，在這一次又一次的電影約會中，我們
聊起雙方的家庭，令人驚訝的是，原來我們的父母都常吵
架。有一次看完電影後，走在沁涼的夜裡，我對她說，以
後我們結婚，一定要營造一個溫暖的家庭，我會好好疼惜
你，絕對不跟你吵架。這大概就是我的求婚吧！

　　大學畢業前，我和宜君便走上結婚禮堂。婚禮在民國
39年1月15日年間舉辦，天氣很冷，婚禮也很簡單，只有
幾個朋友來祝賀，但在這樣平凡中，感受到不平凡的溫
暖。婚後住在板橋一個老舊的房子，和我七十多歲的祖母
一起生活，妻子還幫我照顧正在念小學的妹妹。當時已經
是國民政府的時代，但從小接受日本教育的我們，組成了
一個傳統的日本家庭。

　　剛結婚的我們，十分窮困，薪水只夠維持生活開銷，
不想妄想有什麼新婚旅行。一直到我們結婚十周年後，我
才帶著太太到日本「補度蜜月」。婚後有了小孩，我太太
便辭掉小學老師的工作，替我照料一切家事。在人生的路
上，我在外為了工作打拼，太太在家裡培育了五個子女，
我知道她的萬般辛勞，但她從不說苦。一起走過來，對她
真是相當地感激。

　　當初要結婚的時候，一位為人理性、異常冷靜的好
友，責備我竟然準備與一個沒有身分背景的人家結親。但

我對他說，考慮對象我最注重的是人品，人品之外其餘都
是次要。與太太結褵超過一甲子，我們一家和樂、幸福美
滿，我認為當年自己做了最正確的抉擇。

奠定真正的化工實力(1950～1955)

民國39年(1950)大學畢業之後，我以高考化工科及格
的資格，繼續在台灣省建設廳礦務科服務，成為薪水固定
的公務員。我的工作是礦物鑑定化驗，大多數的時間都在
做煤炭分析。工作之餘，我常和太太兩人一起去看晚場電
影，薪水倒有一大半用在買電影票。那時年輕，不怕吃
苦，因此，我一邊認真工作，一邊感受著新婚的快樂。

與環境衛生實驗所結緣

在建設廳工作時薪水不多，因不懂理財，愛好藏書的
我，比從前花更多錢在買書上面。結果，我們一家人的生
活還是不寬裕，沒有錢的時候，小孩子生病看醫生只能先
賒帳。有時候也只好忍痛賣些書，賺取生活費。記得有一
次，大兒子半夜發燒，我抱著他奔往診所，因為不好意思
跟醫生說沒有錢，結結巴巴地說「沒有……帶錢」。好在
醫生是認識的，答應改日再付款。

我對分析化學情有獨鍾，常一頭栽進研究室就是好幾

天。在工作和電影時間以外，我也撥出時間撰寫論文，頭一次在《台灣礦業誌》發表論文是1952年7月，主題是「關於高雄旗尾山之煤炭」。台灣產的煤炭，屬於瀝青煤，而在我的研究中發現，該地出產的煤炭屬於碳化程度較低的亞炭，並非媒體大肆報導宣稱的無煙煤。

同樣在那一年，由於整個台灣預計大規模鋪設柏油馬路，建設廳工程總隊向中油採購大量柏油，因此需派檢測人員至高雄駐廠驗收。檢測柏油需要從針入度、黏度、引火點等方面進行測定驗收，當時負責部門卻沒有懂得此技術的人員。在建設廳工程總隊隊長劉永楙先生引薦下，我得以認識當時建設廳土木科水質化驗室主任榮達坊先生。榮先生得知我是高考及格的化工人員，便向礦務科借調，我因此前往高雄出差了四個月。透過這次的機會，與榮先生結緣，埋下往後進入環境衛生實驗所的因子。

進入民營企業

1953年，經由王乃文先生介紹，我辭去建設廳的工作，前往剛在楊梅成立的啓信化學工廠，負責製造實驗。1950年代的台灣經濟，正在發展進口替代，政府扶植許多中小企業發展。當時，「鹽基性碳酸鎂」作爲橡膠的黏著劑、耐高溫的防火材料，在醫學界、製造業皆應用廣泛，很多人看到這樣的商機，希望從台灣產量極高的「白雲

石」中，抽取出「碳酸鎂」。啓信化學工廠也乘著這股風潮，從事「鹽基性碳酸鎂」的煉造。

　　我之所以選擇轉職，最大原因是啓信化工的月薪爲公務員的三倍(1800元)。這一年，我太太得到盲腸炎，因爲沒有公保，所費不貲，當時她肚子裡還懷有老三碩鴻。多了一個孩子，家裡開銷肯定提高，於是啓信提出的薪資讓我們夫妻相當心動。另一方面，由於我在建設廳任職期間，不懂得「送紅包」禮節，三年來無法更上層樓，只能做萬年的技術人員。爲了想脫離這一成不變的工作環境，我決定轉職。

　　5月份進入啓信化工，當時楊梅的工廠和辦公大樓還在蓋建，因此在台北的辦公室就職，這段期間，老三莊碩鴻誕生了。孩子一生下來，我們都相當高興，沒想到不久就因爲消化不良，必須注射高價的抗生素，一劑要價80元，連續五天，加上來回車費，這一大筆費用全賴當時來自啓信的薪水，如果沒有到這裡工作，想必無力支付孩子的醫藥費，現在想起來，仍感到慶幸。

　　以前在學校時，頂多做一些小實驗，學得的內容堪稱皮毛。在啓信兩年多的日子，我從工廠剛起頭的實驗製造，到建廠後的實際操作、機器試車，全程參與，培養了真正的化工實力。第一線的工廠作業不比實驗室，過去的紙上談兵全派不上用場。記得第一次試車時，我照著教科書上的指示，以攝氏1050～1080度左右焙燒白雲石，再加

水乳化，但卻因無法成功乳化，導致工程停滯了兩天。我深度思考是否因分解溫度過高造成「死燒」現象。更進一步猜測，或許在大型機器的運轉過程中，溫差不能像教科書上所述的30度差距那麼大。最後，我決定購置光電溫度計，嚴格控制溫差，經過一次又一次的實驗，結果出爐，原來溫差只能在103度以內，與教科書上說的「30度」相距甚大。

多年後，日本電氣化學方面的泰斗——龜山直人先生到台灣來演講，說到「化學品的製造秘密在於一般人難以想像之處」，我深有同感，當年自己在啓信化工所獲得實際焙燒溫度的「秘密」，實是學生時代的我以及同業者所難以想像。只有在第一線親臨其境的製造者，才能得到秘密，這是在學校實驗室學不到的東西。

除了化工的實驗與設計，公司因與國外廠商有合作關係，因此必須挑戰用英文寫出製造說明書。多虧優秀的英文祕書金作鎮先生的幫忙，我們多次完成艱難的任務，我的英文能力也在這段時間受到磨練。

聰敏機靈、擅長理財的莊太太

1953年10月楊梅的辦公大樓完工後，我們一家人便搬到楊梅，租賃了一個月租金450塊的房子。房東太太對我們很好，常常幫我們帶小孩，逢年過節也短不了送禮、噓

寒問暖，很照顧我們一家人。當地大多是客家人，他們待人親切，沒有心機，在如此單純的環境下，我們一家人彷彿遠離大都會區，安穩地過了兩年許。在寬裕的環境下，妻子也逐漸發揮了理財能力，將家中財務掌管得井井有條。

　　某次，太太和鄰居聊天時，意外發現其他房客的租金都是150元一個月。而我們一家人每個月卻多付300元。我的太太平時溫柔婉約，很少說一句重話，但對於這樣不公平的事情也難免氣憤。不久看到房東家附近正在建一排平房，她便要求房東協助她與建商交涉，買下一間正在新造的平房，含建築費、裝潢費(不含土地費)共付了二萬。這筆錢是妻子賣掉嫁妝的金子，又向祖母借一筆錢，加上貸款所籌措，我一點都沒有贊助。1954年底房屋完工，我們就搬到裝潢好的新家，省下一年的租金將近六千元。住了一年多，我準備回到台北工作，因此委託之前房東幫忙出售房子。結果，在房東積極奔走下，那間房子賣了五萬，我太太實賺三萬，我跟她開玩笑說，妳坐在家裡，結果和我在外面打拼17個月的薪水一樣多。當時我太太年僅23歲，處理事情的能力卻無比高超，連我也讚佩不已。

再度成為公務員(1955～1958)

　　1955年12月，台灣省政府依據聯合國世界衛生組織西

太平洋區署的建議，設立台灣省環境衛生實驗所，負責掌理飲用水衛生、污水處理、垃圾水肥處理、一般環境衛生、空氣污染、放射線衛生及噪音防止等之調查、研究、督導與示範。日治時代的傳統環境衛生行政，主要著重在清除垃圾水肥與污水，上述如空氣污染、放射線污染皆是新的時代課題。因此，該年起，台灣可謂步入了新的環境衛生時代。

　　台灣省環境衛生實驗所首任所長榮達坊先生，也是之前的建設廳土木科水質化驗室主任，在台灣環保開啟新頁的這一刻，延攬我加入這個團隊，共同為台灣的環保打拼。榮所長在三年前的柏油檢驗勤務中，知道我在化工方面的專才，因此希望我進入環衛實驗所擔任技正兼主任一職。一開始我不太願意，因為先前的經驗，讓我不喜歡公家機關的工作環境，但榮所長向我鼓吹說，進這個單位工作，將有公費留學機會。我在大學畢業後，時時想著再深造，左右衡量後，決定接受，進入該所負責環境衛生的實驗研究，特別是有機廢棄物的處理及利用。

　　大勢底定後，我們一家人開始籌畫搬回台北。台北的新居位於迪化街，大半部分是用我太太剛賺得的房屋差價所購買。這間五萬塊的二手屋有三十多坪大，所有權除了地上的房屋，還包括土地。在轉換工作的焦頭爛額中，有此賢妻為我打理大小生活瑣事，實在萬般幸福。

速成的公共衛生進修訓練營

隔年(1956)2月，我參加了台大醫學院公共衛生研究所舉辦之公共衛生醫師進修班。這個進修班為期二個月，訓練對象是全省的衛生所主任醫師。所有參加者當中，只有我和林宜獅先生(台灣省衛生處技士)兩人的身分不是醫生。這個進修班的規劃緣起，是因為當時台灣各縣市衛生局管轄之衛生所，其主要工作為鄉市鎮之預防衛生工作，如傳染病、流行病等之預防注射，以及健康檢查、結核病防治、婦幼衛生、狂犬病預防、飲食衛生、環境衛生，但因主任醫師大部分來自開業醫師，所以業務就偏於看病治療，而疏於防疫工作。為了充實醫師的公共衛生知識、使其重視預防工作，遂舉辦此進修訓練。我和林宜獅先生則是代表環境衛生單位前來學習公共衛生的概要。

二個月不算長，要修習的科目卻包含生命統計、流行病學、營養化學、結核病防治、沙眼防治，以及白喉、百日咳、破傷風三合一預防注射(DPT)、性病防治、癩病防治、狂犬病防治、婦幼衛生、環境衛生、衛生昆蟲學、寄生蟲病防治等十多個相當專業的課程。課程密集緊湊，但求知若渴的我，像海綿般迅速吸收，有時也像回到學生時代般挑燈夜讀。這時距離我大學畢業已經六年，沒想到六年之間已經產生這麼多新的觀念與知識，從這一刻起，我

深刻體悟，公共環境衛生領域既廣且博，資訊又更新得快，因此，未來我一定要持續學習，不然很快就會跟不上最新潮流。

強制通風式堆肥，實驗成功！

　　訓練營結業後，我馬上被派到澎湖地區公共衛生調查團，進行環境衛生調查工作40天。當時調查之地區為西嶼島，該島的環境衛生很差，連自來水都沒有，民眾使用的是井水。由於水得來不易，當地人一天用水量僅為當時台灣地區平均日用水量(300公升)的十分之一，大多數家庭沒有設置廁所，僅在屋外挖洞作為方便之用。這些有機廢棄物，通常都被拿來做為農業肥料使用，但處理的過程非常原始，時間又拖得太長，容易滋生蚊蠅而影響環境衛生。自澎湖回到台北後，我們以市民為對象，測量每人每天的糞尿量及其生化學需氧量(Bio-chemical Oxygen Demand，簡稱BOD)。調查結果得知，每人每天的糞尿排泄量約為一公升(比重為1.02～1.05)，BOD為12,000～15,000ppm，比河川水之5ppm、家庭污水之100～200ppm高很多。因此，我開始思考如何有效、衛生地處理垃圾與水肥。

　　之後，我在屏東大武營設立適合於台灣農村的「強制通風式堆肥化」之實驗工廠。一般農家皆使用露天堆肥，在自然通風的情況下，靠著人工不定期翻堆來供氣，因此

大約3～6個月才能製成堆肥。為了加速堆肥化速度，我在實驗中不僅以強制通風來供氣，更以機械攪拌取代人工翻堆，如此一來，只要經過10～15天便完成堆肥製程，而設備費用也不高。這個實驗在屏東大武營進行了一年，效果卓越。

　　1956年11月世界衛生組織(WHO)西太平洋區署於台灣舉辦「有機廢棄物處理及利用」之會議，我們在此時提出成功的「通風式堆肥化」實驗報告，獲得好評。駐實驗所的WHO顧問A.Q.Y Tom博士尤其欣賞我的研究成果，認為這是一個足以廣泛運用至開發中國家的堆肥處理辦法，因此向WHO推薦，給我赴日研修的獎助金。我因此獲得了公費留學機會。

京都大學「果汁先生」(1958～1961)

　　1958年1月，因堆肥化實驗備受矚目，我獲得聯合國世界衛生組織獎助金，赴日本東京國立公眾衛生院以及國立京都大學工學研究所，進修衛生工程。但當時政治環境特殊，出國可不是件容易的事，必須通過繁雜不已的手續，才能夠出境。我還記得，出國之前的一個月，台北、台中兩地來回跑，陸續取得環境衛生實驗所、台灣省政府衛生處、台灣省政府、警備總部、內政部衛生司、行政院各處室等許多單位的認證，總共蓋了50多個章才順利前往

日本！

　　抵達東京時正值日本冬天最冷的一月份，天空飄散著冷颼颼的雪，地面也全是積雪。第一個晚上，因為冷得牙齒發顫，輾轉反側而無法入睡。好不容易撐到隔日，我拖著疲倦的身子前往公眾衛生院，詢問同事「你們不覺得晚上很冷嗎？」同事反問我「你穿幾件衛生褲、蓋幾條棉被？」生長在台灣的我，對此問題感到疑惑，睡覺不都是穿最輕便的衣褲嗎？穿兩件多不舒服！一談之下，原來寒帶氣候區的人們都是蓋兩條被子、穿兩件褲子就寢，我因未得入境隨俗，多吃了一晚上的苦，只能苦笑以對。

一年研究變兩年

　　春暖花開的4月，乘坐夜快車前往京都，在臥鋪度過了一個晚上。到了京都大學後，我被安排在工學研究所裡進修。適逢所內衛生工學科新成立，我便加入由岩井重久博士主持的衛生工學研究室。工學所裡的同學，都是大學畢業後直接就讀，全班只有我一個人擁有工作經驗，且實際操作過化學儀器。由於此特殊背景，加上我的好學，因此受到岩井教授的信賴。博士希望我在京大工學院取得碩士學位，我回答因補助只有一年，恐無法完成兩年的學位。岩井教授聽罷，低頭沉思半晌，說你別擔

心我會安排。1958年9
月，在東京舉辦的一場
WHO會議中，博士親
自為我向WHO駐台顧
問Tom爭取延長我在日
本的研究時間。由於他
的大力舉薦，Tom答應
會做整體考量，而後再
做決定。

1958我的恩師岩井教授(於京都大學)

　　結果Tom一回到台
灣，便打電話給我的太
太，是否願意讓先生在
日本多待一年。他認為
必須獲得家中另一位重要成員的支持，才考慮延長補助的
時間。我太太立即回答：「能獲得此機會真是求之不得，
當然好啊！」Tom聽後嘆息道，台灣女人真了不起，如果
美國的太太是不可能願意的。於是，我便在太太的支持
下，多留在日本一年。真是感謝她的支持，我因此能在京
都大學讀完碩士學位。

　　當時的日本距離二戰結束已經13年，經濟逐漸復甦，
但相對地垃圾和污染情況也增加，政府對於國內廢棄物的
處理感到頭痛，因此投入鉅額經費，積極培育相關領域的
人才。我的碩士論文指導教授岩井重久博士剛好是廢棄物

處理的專家，他畢業於京都大學，後至哈佛大學隨衛生工程研究權威的 Dr. Fair 進修，也曾被派至UNESCO(聯合國教科文組織)擔任衛生工程顧問。在他的指導下，我學得最先進的衛生工程學與垃圾處理技術。

驚逢圍棋九段高手！

　　工學院的研究室在中午休息時，總會有人端出棋盤，接著以廝殺的兩人為圓心，聚集了一群人圍觀的一個大圓。研究人員當中有一位棋藝一級的研究生，專愛找我下棋，我因棋藝不佳，總是推三阻四。有一次，一位水肥處理公司橋本先生來請教我技術上的事情。當時我正在與那位研究生下棋，差不多要輸了。橋本先生看了一會兒，隨口出言提醒，沒想到在他稍加指點下，局勢逆轉，我竟贏了那一局棋。研究生不服輸，嚷著：「讓你六子，我跟你下！」沒一盞茶功夫，橋本已經贏了兩子。研究生不甘心，又讓四子、重開棋盤，結果橋本依然贏他兩子。一問之下，才知道橋本竟擁有日本棋院九段的資格！圍棋等級由低到高依序是九級、八級……一級、初段、二段……九段。研究生有一級的資格已經不簡單，但雙方實力依然懸殊，研究生也就甘拜下風了。

　　沒想到一位水肥公司的技術人員，竟是圍棋九段的高手，還能控制贏的子數，給對方留些情面，實在是真人不

露相啊！深藏不露的橋本先生也與我分享下棋的道理，他說絕對不要一味與對方廝殺，要在四處佈局，不動聲色贏得勝利。後來我將此「戰術」用在自己頗為擅長的象棋上，獲得相當不錯的成果。

遲十年的補度蜜月

　　1960年5月，剛自碩士班畢業的我，隨恩師岩井教授巡迴演講，我利用這個機會帶著妻子四下遊歷，還戲謔稱呼這可是「豪華的補新婚旅行」。那時，太太一個人從台灣飛到日本與我會合，臨行前，有人對她說，日本正是春光爛漫的時節，不用帶什麼厚衣服，老實的她幾乎啥也沒帶，結果剛到日本時冷得直顫抖。一出關，我倆直奔百貨公司，在陪伴妻子挑衣服的同時，我想起自己結婚以來，終於因為能力許可，有餘裕地為妻子購置新衣裳，雖然可能晚了十年，但我們終於苦盡甘來了。

　　岩井教授的夫人甫看到妻子，非常驚訝於她日式的文化氣質與嫻熟的日語。日本人對台灣女孩的認識，其實並不全面，除了岩井夫人對妻子氣質感到驚訝，後來我和妻子去拜訪另一位合田助教授，教授的母親還偷偷問我，妻子是不是印地安公主？她還以為台灣女孩子都是擁有古銅色肌膚、住在山裡的原住民呢！

　　抵達日本第一個晚上，岩井教授請我們夫妻倆至藝旦

廳用餐，順道觀賞日本傳統舞藝。妻子原以為藝旦都是年輕貌美的女性，結果表演者皆是頗有年紀的「歐巴桑」，相當吃驚，但也是大開眼界。在東京、京都一帶演講的行程中，我們順道至湯山泡溫泉，並遊覽和歌山。期間印象最深刻的則是遇到海嘯，岩井教授開玩笑地對太太說，妳一來，把海嘯都帶來了。

畢業後留日工作

　　世界衛生組織提供我兩年的獎助金(一個月的補助約為日本教授薪資的兩倍)，因此我的經濟狀況比從前更加寬裕，也順利取得碩士學位。我的畢業論文為「水肥的化學處理實驗研究」，即我在台灣研究水肥處理的延續。岩井博士對我的論文非常讚賞。畢業以後，岩井教授常常帶著我，到日本各鄉鎮進行演講、授課，教導專家和民眾處理廢棄物的知識。教授常常直接指示我上台授課。記得在京都大學頭一次上台說話，我因過度緊張，講話結結巴巴，同學在台下都為我捏把冷汗。為了鍛鍊上台說話的能力，我四處參加各大學舉辦的演講，勤做筆記，學習講者的演說技巧，逐漸而能在台上流利表達，畢業才得以擁有代替教授到各地演講的實力。而在多場演講中，我也建構了豐厚的專業知識，受益良多。

　　巡迴演講結束後，我又向台灣的環境衛生實驗所爭取

一年在日研究，妻子和我一起留在日本。這一年，在醫學部三浦運一教授介紹下，我至京都大學醫學部生活科學研究所，擔任國民衛生部員，負責研究廢棄物處理。財團法人生活科學研究所的設立，是由於當時京都大學醫學部的教授，幫助日本武田藥品工業研發了合利他命(アリナミン)，這是一種由蒜頭精製作，消除疲勞的營養品，效果與銷量甚好，藥廠為了表示感謝之意，捐款給京都大學醫學部而設立的。因此，我能擁有這份工作，還得感謝アリナミン的研發呢！

此外，岩井教授也介紹我至播磨造船所即將設立於相生市的水肥化學處理工廠，擔任設計方面的技術顧問。我在這份工作中建議採用 W.T. Ingram 所提倡的 Control Biofilter (生物過濾塔) —— 類似化工廠使用的瓦斯吸收塔，以此代替需要廣大面積的撒水式生物過濾池，如此一來節省工廠不少占地空間。他們採用我的建議，成為日本第一間使用 Control Biofilter 的水肥處理廠。

由於岩井教授對我的碩士論文結果很滿意，說服我繼續留在日本完成博士學位。但我已向環境實驗所延長兩年的出國時間，不可能再延長三年以完成博士學位。因此，我利用最後一年蒐集了日後撰寫博士論文的材料，預計完成博士論文後，再寄至日本。

在日本生活的期間，有件值得一提的事情。因日本普遍存在應酬文化，因此我也常陪著教授去居酒屋喝酒。其

實我不善飲酒，每次都點果汁，久而久之，我的綽號就成了「果汁先生」。在京都大學三年的時光，我這個「果汁先生」倒也走遍各個居酒屋，品嘗了各類店面的果汁！果汁本身的味道雖乏善可陳，但這段回憶頗為有趣，時常在我腦海裡浮現。

小試身手(1961～1966)

結束三年的留學、工作，回到台灣後，我開始思考到，要擁有健康的生活環境，必須重視污水及廢棄物處理，因此繼續在環境衛生實驗所進行研究。在這段時間，我們最顯著的政績是在鄉村地區「設置簡易自來水」。我們擬定建設計畫，以聯合國兒童基金會(UNICEF)的補助，在沒有自來水的鄉村地區設置簡易自來水，提高自來水的普及率。

當時台灣只有3000頭乳牛，與人口比例是1：0.0002，而澳洲的比例是1：1，民眾引用牛乳尚未普及，因此我們逐步實施酪農的環境衛生改善，以期提高牛乳衛生。後來的牛乳業發展可證明，這是一項前瞻的工作。學成歸國後，能從事為國人改善環境的事業，給予我相當大的成就感，我似乎感受到，這就是我一生的使命了！

建立客觀的食品衛生稽查

　　1962年，台北市政府衛生局借調我擔任第二課課長，負責管理環境衛生及食品衛生。我及課內同仁常要前往各類餐飲店，進行衛生稽查。以往稽查標準多是「有無蒼蠅、老鼠」、「是否乾淨」等個人主觀性的認定。經我查證，先進國家皆採用客觀性的稽查標準，因此我竭力推動一套科學化的檢查標準。此後，稽查者不能以「感覺」來斷定衛生與否，而是要拿出客觀的數據。

霍亂肆虐(1962)

　　1962年正值世界性第七次霍亂大流行，當病毒肆虐台灣時，短短幾個月，便有383人患病，24人死亡。連帶本土出口的農產品、水產品皆遭受嚴重損失。因此，身為台北市衛生局第二課課長的我當時被賦予重任，和第一課課長李悌元先生(後為台北市衛生局長、省衛生處處長、衛生署副署長)合作負責疫情控制，坐鎮衛生局，處理整個台北市的霍亂危機。

　　我們嚴格規定進出台北市的農、水產品皆需要消毒處理，並在各果菜市場設置消毒站，做好消毒措施。有一個夜晚，突然接收到緊急通報，某位民眾有嘔吐、腹瀉等霍

亂病症而被送到衛生局。醫師出身的李課長立即前往探視，檢查這位民眾之後，發現原來只是因爲喝醉酒才會產生嘔吐、腹瀉等現象，讓我們虛驚一場。由此可見，當時霍亂讓大家人心惶惶。

基隆路空中噴藥消毒(1965)

在日本的留學經驗，讓我擁有國際觀，舉凡任何政策的實施或推廣，我都會先看看國際間怎麼做。記得有一次，台北市長高玉樹先生召見本人，提到基隆路的病媒蚊肆虐嚴重，希望由我主持，實施「殺蟲劑空中噴射」。當時我立即持反對意見，因爲空中噴灑藥劑極具危險性，一不小心，就會造成民眾中毒，殘留的藥劑也可能在往後發生其他後遺症。我力陳言道，這樣的噴灑方式一般只在有流行病快速擴散、短時間內需要緊急控制住疫情時，才會做此類處理。然而，高市長認爲病媒的問題相當嚴重，因此堅持這項政令。

我借調台北市衛生局擔任課長期間，市長高玉樹先生的政績相當好，廣受支持。他最著名的是能掌握各個領域的專業知識，在市政會議中，他總是犀利質詢各科長等負責人，讓人招架不住。但由於我對負責單位與相關時事瞭解甚深，總能有條不紊地應對，高市長因而對我很是欣賞信賴。不過這一次，我想市長對殺蟲劑的認知可能不夠，

處理不慎可是會造成嚴重污染啊！

　　回到辦公室後，我搜索枯腸，決定暗自用自己的方式來處理。我的風險考量是寧願無效，也不能危急民眾生命安全。在調查國際公布的標準殺蟲劑劑量後，我不僅選擇了最安全的藥劑，更減少標準值一半的劑量。前前後後徹底準備了一個月，還特地請託遠東航空公司改造一台小型飛機來實施這項任務。噴射當天，市民爭相圍觀，彷彿正上演一場名劇般。幸而工作圓滿，高市長和市民也相當滿意，我才終於吁了一口氣。

廢止戶外垃圾箱 (1963～1965)

　　民國60年代，台北市垃圾處理相當混亂，公用的垃圾箱設置在戶外，家庭產生的垃圾由民眾自行投入巷弄外的戶外垃圾箱。每逢二至三天，會有清潔人員前來載走處理。巷口的垃圾箱是由水泥砌成，上方則放置簡易的木頭蓋子。由於民眾倒垃圾的習慣不好，隨意傾倒後也不會將蓋子蓋回原處，導致蒼蠅老鼠滋生，尋找廚餘的貓犬也來此「尋寶」，有時撿破爛的人會把垃圾全數翻出，找到他要的東西後，任由被翻出的垃圾繼續躺在地上。總之，垃圾的不善處理造成嚴重的環境不潔。我開始想辦法改善這一切。

　　首先，我倡導廢除戶外垃圾箱，並力推每個住戶家中

應設置一個密蓋的垃圾桶。此外，清潔大隊一改兩三天才收垃圾一次的習慣，每天都派車在固定的時間前來收集垃圾(定線、定點、定時)。一開始，是以獎勵的方式鼓勵市民購買自家垃圾桶，但塑膠製成的桶子在當時尚屬奢侈品，民眾大多買不起。爾後，我便爭取社會福利基金，在社區發展計畫中，購買新垃圾桶贈送給貧戶。當時常見到的情況是，即使將垃圾桶送到住家中，民眾還是捨不得用，寧願拿來放米、作水桶，而繼續以破爛的紙箱裝運垃圾，令人啼笑皆非。在不斷推廣下，才慢慢得到民眾認同，感受到有蓋塑膠垃圾桶對於衛生環境的助益。

善於理財的賢內助

　　剛從日本留學回來時，因為沒有安排到宿舍，我得以貸款到五萬元的購屋基金。太太將我們在迪化街的房子售出，我們一家人則住進用留學獎助金購買、位於台北市中正路上的洋樓。太太拿了貸款以及買屋的款項，買下我們居住的洋樓隔壁一層樓，作為房屋出租。後來排到了宿舍，太太便將原來住的舊房子租給土地銀行，銀行則支付十萬元的押金給我們，太太以這筆錢又購進位於南京東路三段之聯合新村公寓。

　　五個孩子陸續長大後，需要更大的生活空間，於是我們搬到聯合新村的公寓，這是我們第一次住進有冷氣的房

屋。我太太在年輕的時候，曾看某日本雜誌寫道：「未來，什麼都可以進口，但是土地不能進口。」她對此印象深刻，因此從23歲開始，便善加理財、投資房地產。我第一次遇見太太，是在發薪水的出納櫃臺，我想，她如果投入職場，一定是個優秀的理財專家吧！

住的重要性

　　二次世界大戰結束後，大多數台灣人都生活在泥巴屋，我也是，那時很羨慕住在水泥建造房子的人，當時我就立志將來要住進舒適的房子。後來投入環境衛生的領域，我更加相信住的環境對人會產生很大影響。房屋陪著人的一生，人在一生中，很多時間都待在建築物裡，所以房屋環境衛生相當地重要。一個乾淨且舒適的環境才能使人放鬆、安心，全力以赴去從事手邊的事務。

　　想當初，剛進入環境衛生實驗所時，雖然有提供員工宿舍，但是我沒有被安排到，只好住進倉庫宿舍。那邊環境髒亂，周邊雜草叢生，蛇群出沒，生活品質極差。由於沒有供應自來水，還必須要請人去擔水；也沒有廁所，故需請人挖洞當糞坑。由於曾經住在惡劣的環境，更讓我重視並體會到「房屋」、「環境品質維護」的重要性。日後我參與推動的許多政策，大多是站在此考量點，進行的整體規劃。

第二次WHO進修考察(1966後半)

　　1966年下半，我再次獲得聯合國世界衛生組織獎助金，我前往日、英、美考察工業衛生與污染控制，為期半年，自該年的7月到年底12月。第一站先到日本東京，訪問國立公眾衛生院大氣污染研究部長鈴木武夫博士，向他請益空氣污染防治對策。之後，便前往四日市石化工業區，考察空氣污染防治策略。

日本：初識人體工學

　　1961年，位於日本的三重縣四日市，因石油化學工業發展過甚，導致整個城市終年黃煙瀰漫，大氣中SO2(二氧化硫)濃度超出標準值的5～6倍，人民長期吸入此有毒氣體，導致氣喘病大肆發作，被稱為「四日市氣喘病」。1964年，該市曾經連續三天大霧不散，患者開始死亡。到了污染最嚴重之時，甚至導致患者不堪痛苦開始自殺的悲劇。得知空氣污染造成如此嚴重災害，令人心痛。

　　在日本的一個月期間，我也訪問了勞動衛生研究所，考察職業衛生研究實況。在當時，日本的工會很有力量，故政府相當保護勞工，勞工衛生標準非比尋常地嚴格。如一般塑膠廠規定空氣中VCM(氯化乙烯單體)每立方公尺的含

量，就比台灣嚴格十倍。但台灣當時工業剛起步，一心要壓低成本、進軍國際，因此尚沒有高度維護勞工衛生之意識。台灣之所以成為塑膠王國，原因是成本低，但相對來說，塑膠工廠的員工其實暴露在相當危險的環境中工作。

記得訪問勞動衛生研究所時，曾進入勞工工作環境震動研究室進行試驗。研究人員讓我坐在震動的椅子上，分別設定不同程度的震動，問我有什麼不一樣的感覺。令我吃驚的是，當椅子急遽震動時，並不覺得不舒服，反而是持續的小幅震動令人作嘔。研究人員告訴我，依據人體工學，人在某範圍內接受震動無法忍受，但過了那個數值，反而無不舒適感，例如公車的震度其實不小，但大部分的人在短距離的搭乘間，並不會感到暈眩。這個體驗是我在日本印象最深刻的。

英國：好久的白天

結束日本的訪問後，立即前往英國考察公害防治的研究情況。剛到英國，時序正是8月，太陽一直到八、九點才下山，首度來到寒帶國家見識不同城市的光景，當時卻只有一個想法：「怎麼白天這麼長！」第二天一早，住宿的公寓提供早餐，服務生告訴我，牛奶是無限制供應的。我還嚇了一跳，因為當時在台灣，牛奶還算是高價位產品，沒想到在英國，牛奶這麼容易取得！

　　在英國待了兩個月，前兩個星期我到了公害防治研究機構，參與討論空氣污染技術。而後前往國立衛生研究所，參觀都市污水之活性污泥處理實驗。英國因工業革命發展得早，早在1952年12月，便曾發生空污大災害。大煙霧的發生地倫敦，因位於寒帶海洋性氣候區，又大量使用燃煤，相當容易集合「霧」、「無風」、「污染物」三種產生嚴重空氣污染的元素。那一次的空氣污染，導致兩星期內死亡四千人。事件後，英國頒布了全世界第一部空氣清潔法律。

　　我在倫敦看到已經覆蓋著黑炭的紅磚建築，屋頂還有專門洗牆壁的車，可見燃燒煤炭造成的陳年積垢，讓我對空氣污染的結果印象深刻。但英國不愧為走在世界科技尖端之先進國家，他們在都市計畫、下水道規劃方面，皆做得相當完善，台灣最先進的城市一直到5至10年後才能做到當時英國的水準。此外，我亦前往伯明罕(Birmingham)參加國際人體工學(ergonomics)會議。

　　第一次乘坐倫敦地下鐵時，除了感到方便，對於整體規劃，我真的要豎起大拇指。因為身為外國人的我，並沒有迷失在廣大的車站中，清楚的標示與指引，實在堪為大眾運輸系統之典範。離開倫敦前，發生一件讓我終生難忘的小插曲。那是一個傍晚，我到公園散步，看到公園裡有很多乞丐。其中一位衣衫襤褸的男士走向我，我以為他要向我討錢，結果他卻對我深深一鞠躬說：「先生，請我喝

一杯紅茶好嗎？」面對這麼「紳士」的乞丐，我不自覺地遞給他一先令。一會兒。我看著悠閒坐在草地上飲啜紅茶的「乞丐先生」，不禁揚起嘴角笑了。

美國：體會靜電的功力

　　最後三個月停留在美國，學習空氣污染防治技術。美國對於空氣污染的防治，稍晚於日本、剛剛起步，但腳步比台灣快。考察展開前，我參加辛辛那提(美國俄亥俄州第三大都市)國家大氣污染防治中心所舉辦，為期4週的空氣污染控制技術相關訓練。所有學員都要學習最新的煙囪採樣技術，再將樣本化驗，分析結果。一個月下來的課程緊湊，也相當嚴格，每週都固定考試。最後取得證書的學員中，幾乎都是美國環保機關的技術人員，只有我和一位日本北海道大學的教授來自亞洲，而我也是取得該證書的第一位台灣人。

　　接下來兩個月，前往參觀訪問美國各州大學，如聖路易大學、夏威夷大學、匹茲堡大學、大氣科學研究中心等。其中，匹茲堡這個都市令人印象深刻，因為是鋼鐵大城，空氣污染嚴重，天空充滿紅色、綠色、藍色等各色煙塵，雖說是難見的奇景，但想到是對自然環境大加破壞的元凶，實在也不會有欣賞的心情。西岸大城洛杉磯則充斥著汽車，滿市煙霧朦朧，空氣污染嚴重。最後一站是科羅

拉多州的太空研究中心，看到最新的太空科技，嘆爲觀
止。此時爲美蘇太空競賽的時期，蘇聯已發射環繞地球的
太空船，並展開首次太空漫步，美國不落人後，積極開發
登陸月球的技術。三年後，阿姆斯壯登陸月球，成爲踏上
月球表面的第一人。

來到美國剛入秋，轉眼間已是寒冷乾燥的12月。有一
天開門時，突然一道火光閃過眼前，接著像針刺般的疼痛
刮過我的手指。我趕忙招呼服務生去檢查這道怪異的門。
不料服務生聽完我的敘述，微微笑道：「先生，這只是靜
電，不必擔心！」首次體會靜電功力、大驚小怪的我，摸
摸頭，不好意思地回房了。

爲期半年的考察落幕，我不僅學到專業知識，也見識
了地球的各地風情。看到世界頂尖的工業成就、氣候特
色，自己井底之蛙的視野大開，然而對環境保護的使命感
則更深一層。

衛生學≠醫療學

1950～1970年代的台灣，公共衛生與醫療普遍被混爲
一談，大部分的人不懂「醫療衛生預防」的概念，覺得
「衛生」就是「醫療」。因此一些政府衛生機關的環境衛
生主管、科長多爲普通醫生，甚至由牙醫、獸醫擔任。而
我是第一個以「環境衛生工程」專門人員的身分，進入衛

生機關擔任環境衛生主管。

　　醫學和衛生學的不同的地方，爲其直接服務的「對象」。醫學的對象是患了疾病的人，衛生學則爲疾病有關的事物，換句話說，醫學爲治療人的學問，而衛生學則是對疾病相關事物予以控制、避免讓人罹患疾病之學問。簡言之，一爲治療，另一爲預防疾病之發生。由於國內對此概念模糊不清，主管機關也常將公共衛生領域的世界衛生組織獎助金，提供給醫生到國外留學。結果是，這些回國的醫師既不致力於公共衛生的改善，反而開起了醫院賺錢。對此，當初以世界衛生組織獎助金推薦我到國外留學的顧問就表示，希望我到國外完成學業之後，回到台灣可以「眞正」從事環境衛生方面的工作，增進公共衛生。

　　受到WHO顧問的重託，加上我自覺到今日能出國深造，乃出於國家的培育，我怎能不將所學貢獻給國家！我絕不辜負這些資助來源，我要轟轟烈烈闖出一番事業，這是我出國考察前的誓願，而回國後，一步一步實現我的夢想。

第三部

從科長到青番局長

1966～1987

讓垃圾車唱少女的祈禱(1967～1968)

　　1966年底，我結束聯合國世界衛生組織獎助的考察行程，自美國返台。回國後，應台北市長高玉樹先生的邀請，自借調轉換爲正式的台北市政府衛生局第二科科長(1968.03～1968.10)，負責掌管環境衛生、食品衛生，特別專於垃圾處理。我從1962年起借調台北市衛生局課長期間，便開始著手處理垃圾問題，經過兩年多的努力，終於建立民眾在家中安置有蓋的塑膠垃圾桶習慣。

　　而之前運載垃圾的車，只是一般人力車或小卡車，清潔人員將收到的垃圾往車上一倒，載運往掩埋場的路途中，眞不知要掉落多少東西。爲此，我引進台灣第一台密封式的垃圾車，並以「定時、定點、定線」爲原則，爲每個社區規劃一個完善的「垃圾車出現時程表」。以往垃圾車出現的時候，都是搖鈴作爲通知，但我爲了讓民眾感到倒垃圾是一件輕鬆愉快的事，決定將搖鈴改爲音樂。一開始我陷入自己成長背景的侷限，因爲日治時代有事要集合人民時，總是播放軍隊的行進曲，因此我也想以行進曲來宣告垃圾車的來臨。但我妻子得知後，語重心長地告訴我：「你難道沒發現都是誰在倒垃圾嗎？應該考量她們啊！」仔細一觀察，啊！倒垃圾的都是家庭主婦啊！女性是最厭惡戰爭的，最後在妻子建議下，我便指定「少女的

祈禱」做為垃圾車出現時播放的音樂。

推動垃圾處理的改革並非一朝見效，讓台北市民眾習慣使用有蓋塑膠垃圾桶、每天聽著「少女的祈禱」出門倒垃圾，前前後後大約推行了5年。但由於成效卓著，後來也陸續推廣到其他縣市。能在垃圾處理方面有初步成果，都要感謝職位的升等，當我開始有權利去制定一些規定，讓環境更美好時，我更迫不及待地想要對台灣環境清潔有一番貢獻。

進入台北市政府環境清潔處 (1968～1972)

1968年10月，由於環境清潔業務的日趨重要，該業務從衛生局分離獨立，成立了台北市政府環境清潔處，本人獲邀擔任第一科科長，掌管空氣污染、水污染、環境分析等新時代公害防治業務。在環境清潔處的四年期間，我持續取締露天燃燒煤炭與其它工業公害，並擬定「台北市空氣污染防治辦法」，設立公害化驗室，引進台灣第一台的環境空氣品質自動監視器、河川水質自動監視器。

當時的環境清潔處處長潘敦義先生曾擔任台北市警察局長、警務署副署長、北市政府秘書長，行政能力很強，對取締(亂倒垃圾、工廠廢棄物)工作相當拿手。為解決隨意丟棄垃圾的問題，在其任內倡導「你丟我撿」，並設立衛生警察隊取締燃燒生煤，亂丟垃圾外，隨時前往工廠採樣廢

水、進行稽查，不合格的業者甚至被勒令停業。潘敦義先生將以前警察取締的工作納入環境清潔處，不僅有效率，效果也相當好。

這個時期的空氣污染來自生煤的燃燒，有些業者為製作焦炭，露天燃燒煤炭，或磚瓦窯使用生煤嚴重冒煙。但更嚴重的是煉鋼場排放的烏黑廢氣，導致附近學生必須要戴口罩才能出門。在我們一次一次取締開罰下，企業也表達出無能為力的心情，因技術尚無法突破，不得不使用舊式電弧煉鋼爐。最後，處長花了相當心血與其談判、斡旋，給予搬遷的優厚條件，業者才遷廠至郊外。今天的大直、松山等住宅區，當初都是空氣污染甚為嚴重之地，若非業者遷離，也沒有現在高品質的居住密度。

我當時主要的業務，是取締工廠的廢氣和廢水。比其他縣市幸運很多，當時的台北市政府環境清潔處因經費較充足，而建立了自己公害化驗室，採樣到的廢水、廢氣能在處內快速化驗出結果，而不必因送到中央檢驗耗費往來日程。這個化驗室看來雖不怎麼起眼，對公害防治效果卻相當大。

1970～1971年，我陸續自日本採購台灣第一部空氣品質自動監視器，以及台灣第一部水污染自動監視器。此後，採樣工作變得更為簡便，空氣品質監視器可以自動採樣、分析空氣中的二氧化硫濃度；水污染自動監視器則設在淡水河、新店溪河口，自動採樣河水，監視河川

水質。有了這些成功的經驗，日後擔任中央的環保局長時，我便依此模式在全國各地設立空氣品質自動監視網。

正式進入中央機關(1972～1982)

　　1970年代可說是世界環境保護發芽的年代。1972年，聯合國世界衛生組織在瑞典斯德哥爾摩召開人類環境會議，揭開全球性環境保護之序幕，從此先進國家開始注意經濟發展所帶來之負面影響，而在會議中揭露的各項研究，顯示不但已開發國家深受環境污染之害，即使是開發中國家亦無法倖免。

　　1972年10月，由於在台北市公害防治工作的良好表現，我被提拔爲行政院衛生署環境衛生處處長，掌管新時代的全國性公害防治業務。從這時開始，我正式進入中央機關，擔任行政院衛生署環境衛生處處長長達10年。受到行政院秘書長費驊指示，開始以全國性的視野積極草擬管制法律，如空氣污染防制法、水污染防治法(與經濟部水資會共同草擬)、廢棄物清理法、噪音管制法、毒性物質管理法等。記得曾有人問過我：「我分明是理工科出身，爲何懂得法令？」其實，我在日治時代參加普通文官考試時，閱讀了不少法律知識，深知法制對國家的重大影響；而另一方面，我也積極尋覓法學方面的人才，由我提出構想，再交給專家去草擬。

在公害防治的各種法令中，我創造了違反者須連續科罰之條文，此概念來自1971年尼克森總統在國會發表的「環境品質報告」，他在報告書中提到「連續科罰」的構想，此法能促使業者加強改善的腳步。不過美國並未施行，我將之採用並實施，成為世界第一個採用此罰緩的行政者。之後日本也採用此方法。

環保行動意義之宣揚

台灣在經濟發展活動最盛期之1970年代，公害逐漸明顯而嚴重化。1960年代的主要公害為燃燒生煤產生之空氣污染，而工業廢水之水污染也因自來水的普及，開始影響到一般社會大眾。幸而1970年代已能有效控制生煤的燃燒量，但這主要是因為工廠開始以重油取代生煤作為燃料，因此在空氣污染方面又揭開另一層憂慮，那就是使用高硫含量之重油而產生二氧化硫的空氣污染。工廠排放的廢水嚴重污染河川，其污染長度更急速增加，當國人開始注意到公害問題時，我服務的環境衛生處也正要大刀闊斧地進行環境整治。

我在擔任中央環境衛生處處長期間，幾乎有90％的時間忙於處理公害防治業務。坦白說，在經濟蓬勃發展之1970年代，推動表面上對企業界較不利之環保工作是非常困難的。不但無法得到企業界的支持，有時還會受到政府

經濟機構之軟性抗拒。在這個時候，所幸還能夠從民間及學術機構中，得到支持的聲音。

我深信學者和民眾一旦理解環境保護的意義，一定能隨之產生積極的支持作用。甚至當企業得知環保運動反能帶來長期效益，也會改變觀念轉而支持。因此，我總是主動出面與大眾傳播媒體接觸，透過媒體來宣導環保行動之意義，並鼓勵企業、市民一同積極參與。期間，我也常參加電視節目接受訪談，或到國內各地演講相關議題。到後來，甚至前往總統府向府內長官解說環境污染問題。

1982年開始，我建議各大專院校之醫學、公共衛生、農化、農工、植物病蟲害、森林水土保持、大氣科學、化學、物理、海洋科學、土木、化工、機械等科系，對公害事件開始做調查研究。1972年，我在台大化工系擔任兼任講師，此後陸續升等，1979、1980年則獲聘至台大化工系、台大環工研究所、師大衛生教育研究所、台北醫學院(後改為台北醫學大學)公共衛生系擔任兼任教授。

此外，並結合學術的力量，針對國內環保案件開始做調查或研究。傳統環境衛生要控制之對象，主要為髒亂所引起之生物性環境，如傳染病、病媒等。但新的環境衛生(亦即環境保護)領域控制之主要對象為物理、化學性環境，如對空氣、水污染及噪音等之管制。總之，科際整合開始變得重要，我個人相當高興看到各大學自1973年起，陸續

創設環境工程學系、環境科學系和環工研究所；以及其他學院出現的公害防治領域相關研究，如醫學院開始研究產生公害疾病之流行病學或個案病例；法學院則開始研議環境權、無過失賠償等之較新穎的法律觀念。

保持翡翠水庫水質潔淨

1975年為解決台北地區給水問題，政府決定在新店溪上游建立儲水量達四百億噸的翡翠水庫。1979年8月開工，1987年6月完工，歷時近八年。水庫建立的一開始，某私立專科學校同時也決定在水源地內建立分校。我得知此事，馬上向行政院秘書長費驊報告，希望透過他阻止此事。該校校長立即回覆，學校會做好污水處理設備，絕對不會影響水庫的水質。我依舊強烈反對，因為學校一旦建立，接著建築宿舍，當學生人數增加，附近餐飲店隨著增加，人口一聚集，將會引起難以預料的電力使用量、水源污染、車輛排放廢氣、廢棄物與垃圾問題，這可不單是一個污水處理廠就能解決的事情。

我的意見惹怒了該校校長與相關人士，但為了優質的水源，我絕不讓步。最後該分校因此未建成。某位台北市長曾說過，台灣翡翠水庫的水質，是全世界最好的，因為其水源地保護良好，未開放觀光。我很慶幸自己當初能堅持此事，因為優質水源不只造福了台北市民，也造福了我

的子孫。

環境保護學會之成立

　　1973年起，我陸續著手空氣污染防制法、廢棄物清理法、水污染防治法等之草擬。在這個時候，行政院方面給予政策性支持的先進，包括行政院副院長徐慶鐘先生、秘書長費驊先生、政務委員李國鼎先生。他們積極將環境議題納入考量，與我並肩推動台灣的環境保護。

　　徐慶鐘副院長是一位卓越的農業專家，也是最早關心公害防治之行政長官。他在早期就注意到公害對農業的影響。當時我多次陪同副院長視察公營事業及民營大型工廠之公害防治情況，他常對我說起，應成立一個民間性組織，以研究環境科學、促進環保推廣為宗旨，作為國家推行環保政策的資料庫、人才庫。這就是台灣環境保護學會之緣起，我認為徐先生堪為最早的發起人之一。後來，徐副院長指示我辦理學會創立事宜，甚至拿出三千元(相當於現在的2萬元)作為成立費用，讓我十分感動。但最後我還是婉拒了他的好意，自己負擔這筆費用。學會設立之際，也受到台北醫學院(現在的台北醫學大學)公共衛生學系許東榮教授的奔走幫忙。

　　經一年半個月之奔走，1974年12月28日由內政部核准設立台灣第一個環境保護學會，並於1975年召開成立大

會。學會宗旨是聯絡國內外人士，共圖環境科學之發揚與
應用，以期達成保護環境的成果。而其主要任務為協助學
術研究及應用、舉辦環境科學演講及討論、調查國內外環
境保護科學事業之發展，以供學術界及實業界之參考。另
外，本會亦將配合政府的「環境保護決策」，協助工業界
解決環境污染問題，並負有發行環境科學研究書刊、訓練
及推薦環境科學專門人才，以及促進國際環境保護之交流
與合作之使命。

　　環境保護學會的初期任務為地域性的、針對台灣本島
的環保推動，成立以來，多次邀請專家進行演講、舉辦大
規模學術性研討會，並於每年6月5日世界環境日前後，辦
理各種社會教育性環保活動。如推動公共場所不吸煙、國
內航線禁煙、火車試辦指定不吸煙車廂、有獎徵答活動、
垃圾分類貯存收集、兒童漫畫與海報比賽、登山清潔活
動、安步當車運動、提高環境品質座談會等。民國66年
(1977)5月，環保學會參加在日本舉辦的第四屆國際清潔空
氣會議(World Clean Air Congress)，在地主國日本的推薦下，成
為國際空氣污染防治協會聯盟(International Union of Air Pollution
Prevention Association, IUAPPA)的成員，此後環保學會積極參與
每年的國際會議，將視野放眼國際。該年1月15日，發行
《環境保護》創刊號，一直到現在，該雜誌刊登數百篇專
業論文，其中記錄著台灣環保的演進與發展。

環保學會參與國際清空會議記錄

時間	屆次	舉辦國家	城市
1977年5月	第4屆	日本	東京
1980年10月	第5屆	阿根廷	布宜諾艾利斯
1983年5月	第6屆	法國	巴黎
1986年8月	第7屆	澳大利亞	雪梨
1989年9月	第8屆	荷蘭	海牙
1992年8月	第9屆	加拿大	蒙特羅
1995年6月	第10屆	芬蘭	赫爾辛基
1998年9月	第11屆	南非	德班
2001年8月	第12屆	韓國	首爾
2004年8月	第13屆	英國	倫敦
2007年9月	第14屆	澳大利亞	布里斯本
2010年9月	第15屆	加拿大	溫哥華

　　民國78年起(1989)，環境保護學會開始著重於國際
學術研討會的參與和舉辦。將專注意提提升到全球性的
層面，如臭氧層破壞、酸雨問題、溫室效應。目前世界
各國極度重視再生能源的開發，我也曾在2009年6月的
會刊中，探討日本和台灣太陽能發電之潛能。總之，環
境保護學會作為台灣環保研究的先驅，數十年來勤力不
輟，未來也將繼續引領環境保護的研究開發與實質前
進。

德州農業體悟

　　1974年10月至11月，我接受美國國務院邀請，第二度訪美考察空氣污染狀況。那個年代的台灣正流行一部美國電影《巨人》，拍攝場景在土地寬闊、農業發達的德州，那一望無際的農場令我心生嚮往。因此，打從得知要去美國那天起，我開始規劃一段不同以往的旅程。我婉拒直接乘坐飛機到目的地，而是在德州阿瑪利諾機場出關，要求美國國務院派車來接我，而後開始我四天三夜馳騁在美國中部筆直大道的獨特經驗。

　　旅程中，經過新墨西哥州、亞歷桑納州與美國大峽谷。我們在原住民保留區和印第安人一同用餐，晚上住在他們的小木屋。在路上休息時也遇到長途卡車的司機，大口咀嚼午餐的同時，我們分別聊著一路上發生的趣事。看到德州遼闊的原野、長到看不見盡頭的鐵路、飽滿幾乎要溢出的穀倉、寥寥無幾的農夫與機械化農業，我從內心深處，感受到美國不是工業大國，而是有著深厚農業基礎、由農業支撐的工業強國。當時的台灣已經邁入工業化時代數年，我卻一直有著傳統的思想，堅信國家必須以農為本、重視糧食生產，才能有長遠的經濟發展。這一想法在美國的德州獲得證實，因此，我對於台灣的農人持續抱持深深的敬意。

引進環境影響評估法

　　抵達紐約後，我參觀了興建中的世界貿易中心雙子星大樓(後來不幸於2001年九一一事件中倒塌)。這是美國開始重視環境保護的時代，建設或開發前都需要做環境影響評估。我聽說在建設這棟雙子星大樓前的環評中，曾討論到產生的廢土問題。當時建商認為若將廢土搬運至其它地方處理，還需另外投資一筆搬運費用，因此向紐約市政府提議，將廢土用於哈德森河開發新生地計畫，也就是使用廢土於哈德森河填土造地。

　　首度聽到這個作法，我相當震驚同時又甚為感佩，原來在建設開發前若能先作全盤考量，不僅能降低對環境的破壞，甚至還能產生其他效益，兼顧環境保育與經濟的發展。此次赴美，我認真吸收學習了環境影響評估(Environmental Impact Assessment)制度，瞭解到這是永續發展理念中的預防原則。其目的在於減少開發導致的污染、維護人類健康與生態平衡。

　　回國後，我開始考慮引進環境影響評估制度。但是環境影響評估影響到一個工程的設計、投資、開工日期等多層面，讓一些建設業者相當反對。記得有一次，蔣經國總統為了推動國內科技產業而召開科技發展會議，海外專家紛紛返台參加，我也以召集人之一的身分參加此會議，並

於會上提出「環境評估制度」。但是企業普遍不接受該制度，因此遭到經濟部的反對，加上環評標準難以客觀化，每個人對景觀判斷(有人認為美、有人認為有礙觀瞻)、噪音(有人認為吵，有人不這麼認為)、臭味等主觀性的直覺不同，難以用數據衡量，但在李國鼎先生支持下，我們排拒萬難，慢慢嘗試推進。

　　一直到我環保局長卸任，法案仍然未通過。爾後經過不斷地與政府及民間機構調解說明，直到1994年，我國終於正式通過《環境影響評估法》。但是，因現有的環境調查、分析方法仍有其極限，特別是對於社會發展的相關部分顯然有不足之處，故常常引起爭議。許多人認為，環評應該由環保署來做，但是本人認為環評應該由第三公證人(專業人士)來做，再由環保署審查。後來坊間成立了許多顧問公司，便是作為第三公證人的角色。

「有煙車」與「無煙車」之空污取締

　　在美國的二個月當中，我很驚訝地見識到美國人如何取締排放黑煙的柴油車。在道路上，美國目測稽查員用「眼睛」來判斷黑煙排放程度是否超過標準違規。看到這樣的景象，我抱持著疑惑發出詢問：「用眼睛判斷，這樣精確嗎？」對方則回答，這些目測稽查員都是經過專業訓練並拿到證書，判斷率可達90％，所以可以直接向違規車

輛直接取締。據說這樣的作法招來許多美國國內人士的不滿，認為缺乏公平性。不過，以實際效益來說，在短短一年內，美國境內的黑煙車情況有明顯的改善。

回國後，我立即向主管提議將此種取締方法引進國內，並設立訓練中心培訓地方環保人員能夠做到目測稽查。在這之中，也教育人員要取締的是行走中的車輛，並非靜止中的車輛。施行一開始，地方政府馬上提出異議，汽車公會也竭力反對。不過在主管機關的支持下，我獲得繼續嘗試的權力。為加強機動車輛排煙管制，陸續在台灣各區取締冒黑煙的柴油車。1976年開始對柴油車、船舶、火車排放黑煙加以管制，違者嚴格處以罰鍰。造成空氣污染最嚴重的燃煤火車，後來改為電氣化，這個問題就不再出現了。

至於汽油車所排放的一氧化碳、碳氫化合物，是眼睛所看不到的廢氣。1980年7月開始，環境衛生處始對此類氣體宣導管制，1981年元旦正式在台北、高雄、基隆等地之監理所與代檢廠，執行汽車排氣定檢。

留下八里美麗的海岸

當時公害問題之一的垃圾處理也讓國人相當頭痛。1977年，台北市政府曾提出八里衛生掩埋場計畫案，想使用垃圾填海的方式來解決過量的垃圾。在會議中，大家都

相當贊成這個計畫，只有我一人持反對意見。我認為會議桌上這些人，只看到垃圾掩埋的表面成果，並不瞭解一個衛生的掩埋場，其實設置上相當複雜，必須考慮到多項層面。所謂垃圾掩埋並不是只是挖個洞，把垃圾倒進去，用土埋起來就好。為了取得眾人理解，我在會議中解說衛生掩埋場將帶來的相關課題：第一是土地問題，因台灣與日本、香港一樣，國土狹小，要找面積廣大之掩埋土地是很困難的；第二是為了達到完善的衛生掩埋法，需要極高的成本。

　　因為要達到衛生掩埋條件，首先要選擇一適當的場地，包括交通進出方便、地形適宜、地質條件良好、以及有適當的覆蓋用土壤等；然後在場地內構築儲存設施(如擋土牆)、阻斷設施(如不透水層)，並以事先挖好之壕溝或利用起伏的地形，將運棄之垃圾予以工程掩埋。初步掩埋後並不等於整體完工，因衛生掩埋之垃圾會產生滲透水及甲烷、硫化氫、氨等廢氣，所以需要另行建立廢水及廢氣處理設備。這些都需要一筆龐大經費。

　　總結以上兩點，我提出了焚化爐的設置比較適合台灣，其優點有焚化爐占用的土地較少，且可以設置於市區內，大量減少垃圾搬運費用。加上焚化後殘留的灰分無害，含有少量無機物，經適當處理無害化後，便得以填地。另外，能處理各種不同類型的垃圾、受氣候影響較小、操作較有彈性、處理量可作有限度的增減、焚化產生的熱量可以回收再利用等，都是衛生掩埋所沒有的。當

1982衛生署環保局局長期間

　然，有人擔心焚化法可能會產生戴奧辛，但只要做好垃圾分類，分離出須另行處理的塑膠物質，那麼，就能夠大幅減少因焚燒所產生的有毒氣體。

　　當時我雖作了長篇大論的演說，但並不被接受，大部分的人僅看到短期利益，加上他們對環工方面無所認識，對於我膽敢公開忤逆長官，也不便表態支持。但由於身為環境衛生處處長的我激烈反對，法案被暫時擱置。當天晚上，我開始接到一些長官的勸說，要我視時務地支持八里掩埋場計畫。但本人堅決不從，最後我對長官說，若真的建設此掩埋場，後果不是我能承擔的，我不願成為歷史的罪人。見我態度執拗，這個案子只好作罷。今日各位在賞

玩美麗的八里海岸時，可能從未想過，此地可曾經是垃圾掩埋的預定地！我能自豪地說：我的專業堅持，留下美麗的八里海岸。

食物中毒事件(PCB與鎘污染)

　　1979年(民國68年)發生了PCB(多氯聯苯)中毒事件。這是因為彰化油脂公司在生產食用油的過程中，多氯聯苯滲漏、污染油品，並透過包括「祥香油行」在內的多家油行，賣到中部3、4個縣市。事後經過清查，總共有2000多位民眾受害。當時油品公司生產食用油都是用榨的，而榨出來的油黃黃的、賣相不好，所以要脫色，過程中需要加熱到攝氏兩百度以上。如果用水當熱媒，則需要用高壓方式才能使水的溫度達到兩百度以上，且這套設備既昂貴，又有爆炸的可能性，所以改用PCB當熱媒。當加熱器的管線老舊，產生破裂或小孔，便造成PCB滲透到食用油中。

　　誤食者因PCB囤積體內無法排出，出現皮膚變黑、長出疙瘩的症狀，看起來像是長滿了青春痘。當時中部一家盲啞學校多人受害，本人趕緊出來處理，可是傷害已造成。中原大學黃金旺教授也出面協助處理，這次事件因為可預防卻未預防，導致衛生署防疫處處長及食品衛生處處長受到處分。

　　其實PCB的用途很廣泛，如台電變壓器內、複寫紙及

報紙的油墨等，都需要用到。就因為它具多功能用途，所以即使日本已經發生過多氯聯苯中毒事件，我國的主管單位仍未注意到此物安全性的問題，可以說事件的發生來自政府疏漏與工廠疏失。

早在1968年，日本北九州市小倉區的一家油庫，便發生民眾在長期食用遭PCB污染的米糠油。之後因經歷多起事件，日本政府警覺防止公害發生的重要性，於是日本的北海道大學及京都大學開始設立「衛生工學科」，著手於公害之調查研究及防制。過去，衛生工學被視為土木工學領域的其中之一，只是一門著重於上下水道的學問。隨著歐美現代都市建設的快速發展，衛生工學自土木工學領域脫離而成為專門學問。日本在經濟復甦期間，開始注意到衛生工學的重要性，而京都大學為首創相關科系的學校。只不過，當時的一般人並沒有這方面的概念，更把「衛生工學」誤認為「衛星工學」(四個字的日文發音一樣)。

但是1979年的台灣，雖然已經建立中央衛生主管機關，卻重蹈十多年前日本覆轍。為此，衛生機關深自檢討。為了防範類似事件再度發生，1982年建立的環保局訂定一份多氯聯苯管理規則給行政院。行政院卻認為此案已結，無須再訂管理規則；但環保局認為若沒有法源，未來將無法依循法規處理多氯聯苯。環保局曾全面調查國內使用多氯聯苯的大宗產品，主要是五大變壓器，可見此物使用上的頻繁。經協調結果，行政院決定先就五大變壓器進

行處理。首先，將使用PCB的電容器、變壓器全面拆除，拆除下來的電容器、變壓器先置放在台電的士林倉庫，由台電接恰處理的廠商。起初決定在國內處理，但因處理價格太高，且處理設施僅使用一次，不符經濟效益，後乃改採境外處理。當時有兩個方案，一是雇用荷蘭的處理船來台灣處理，以節省經費；二為送至法國銷毀。最終是與法國接洽，這個案子就到此結束，多氯聯苯管理規則法案則被退回，受害民眾的就醫問題則由衛生局處理。但類似案件一再發生，中央政府遂決定責成各縣市成立衛生局，並將為衛生局藥政處之食品科移出，成立食品管理處，強化食品安全衛生的管理。

　　1983年桃園縣觀音鄉大潭村高銀化工造成台灣首件鎘米污染事件。高銀化工生產硬脂酸鎘，結果排放的廢水污染了河川，而農民將受到汙染的水引入農田，造成「含鎘米」的出現。當時社會對於鎘米污染的認識不深，乃是有人因擔心工廠排出的廢水會影響稻米而提出質疑，進而檢驗才發現此事。這些被棄置在倉庫的米，導致農人重大損失，因此農夫一度計畫要轉賣給雞農當飼料。得知此事，我趕緊前往禁止，並向他們說明「垂直污染」(雞吃鎘米，人吃雞肉，一樣會中毒)的嚴重性。這次的鎘米事件讓本人警覺到台灣土地可能還有受到其他污染，所以委託農藥毒物研究所的李國欽先生去做調查，後來也委託中興大學的王銀波先生做台灣土地之全面性重金屬污染調查。

衛生下水道事件

　　1978年李登輝擔任台北市長期間，許多人建議應仿照先進國家，盡快建立衛生下水道。但我不贊同，這時所有批判的矛頭指向我，說我身為環境衛生處處長，竟然帶頭反對下水道建立，真是沒有常識。此事鬧開後，我直接前往市政府面見李市長，親自說明原因。我提到自己並非反對衛生下水道的建立，但在有限度的上下水道預算之下，事情應分輕重緩急，現在台北市連自來水的普及率(上水道)還不到80%，應先使民眾普遍使用自來水，再慢慢來推行下水道的建設，連先進都市如東京、大阪都花了約五十年時間才完全建立衛生下水道，因此現在應優先推動自來水普及使用。李市長聽罷，沉吟了一會兒，說道：你說得很有道理，不愧是專家意見。於是他採用我的建議，優先普及自來水的使用率。

　　我和李登輝前輩的友誼至此開始建立，往後他擔任中華民國副總統、甚至總統期間，我也常為了環保方面的政令，前往總統府說明，或向他請益。

國際性會議記趣

　　在中央機關任職期間，我常代表台灣到國外參加一些

環境保護會議。如1977年5月於東京召開之第4屆國際空氣清潔會議、1980年10月於阿根廷布宜諾斯艾利斯召開之第5屆國際空氣清潔會議、1983年5月於巴黎舉辦之第6屆國際空氣清潔會議。

　　每一次會議，我都會提出論文，並帶領著一些學者與部署一起參加。在正規會議之外，也有一些小插曲讓我印象深刻。記得1980年10月，我因公務往美國洽公，預計結束後直飛南美阿根廷。起飛前，竟接到外交部來電通知，因為中共將參加這次的國際空氣清潔會議，所以我方就不參加了！電話中指示我直接飛回台灣。不料，回台後第2天，外交部再度來電說，中共臨時不參加，緊急要我過去參加。相關人員以最快的速度幫我辦好護照，讓我立即飛往洛杉磯，再轉飛至佛羅里達州待轉南美班機。但是，南美飛機因乘客太少，不願準時起飛，臨時延長了2個多小時才起飛。等待之中讓我大開眼界，看到一些南美乘客穿著家居而隨興、或者直接帶著活跳跳的雞隻上飛機……什麼景象都有。這一次的航行時間共花了36小時，讓我永生難忘。

　　到了阿根廷當地，我深刻體會西班牙國家的人從來不守時，遲到1、2小時是很正常、司空見慣的事。例如在國際空氣清潔會議當日，舉辦方通知大家，會議當晚另有一個討論會，希望與會者都能參加。我和一些日本學者早於約定時間1小時到達等待，可是一直傻傻地等了2個小時

後,才被通知此討論會已經取消,讓我和日本學者相對而視,啞口無言。

　　我在就任環境衛生處處長10年間,認為國人同時面臨了兩大保健問題:一是由於生活環境的髒亂、落後,導致生物、細菌性疾病的威脅,即通稱的環境衛生差;另一是由繁榮、進步所造成的公害,進而產生物理性、化學性的疾病侵襲。因此,明顯地,在追求更高層次生活的同時,改善環境衛生與防治公害遂為要務,第一目標便是「改善環境衛生與防治公害並重,以建立一個以健康為基礎的環境,使國人得免於疾病之威脅侵襲」。再次,配合國人對更臻理想生活之追求,意圖進一步「創造一個舒適優美的環境,讓國人倘佯於山光水色之中,充分享受環境」。

　　搭配上述目標,我國在公害處理的第一階段,著重於「可見污染物」的控制,如空氣中煙囪與柴油車所引發的黑煙、河川中的污濁現象。第二階段則為「無形污染物」的控制,如二氧化硫、一氧化碳、氮的氧化物等有毒性物質,同時期待創造一個零污染的生活品質。我在環境衛生處處長任期內,便傾全力逐步在全國推動、改善以上兩階段產生的問題。事後回顧評估,也算是小有所成,作為我在中央第一份工作的成績單。

行政院衛生署環境衛生處處長時期事蹟(1972～1982)

1974年	台北橋與中山橋的四周增設置河川水質自動監視器
1974年7月	公布「水污染防治法」與「廢棄物清理法」
1975年5月	公布「空氣污染防制法」
1975年10月	公布「台灣地區環境空氣品質標準」
1975年12月	於高雄地區實施「台灣地區公害防治先驅計畫」
1976年	規範柴油車、船舶、火車的煤煙排出標準。
1977年	IUAPPA國際空氣污染防治協會聯盟第四次空氣清潔會議中所提出的論文於往後成為台灣國內空氣污染研究的先驅。
1977年	環境保護學會成為IUAPPA的一員
1978年	開始推動國內飛機航線和一些如電影院等公眾場合的禁煙運動，以及將火車分成吸煙車廂與禁煙車廂，鼓勵禁煙。

青番局長絕不妥協(1982～1987)

　　1980年代，環保已成為世界潮流趨勢，各國政府均將環境保護工作，納為重要施政項目之一。我國為積極推動公害防治工作，在1982年1月將環境衛生處升格改制為環境保護局，由我接任局長一職。環保局成立後的同一年，在行政院的支持下，我也建議在國家高普考試中，招考環保人員。

洗潔劑事件

上任環保局長那一年，台灣的河川污染問題已日益嚴重。除了工業排放廢水，家庭排放充滿清潔劑的水也不容小覷。此前，我已積極取締工業廢水，故情況大為改善，但家庭排放的水則需回到源頭處理。當時台灣使用的合成洗劑，皆為硬性，在河川難以分解，流入大海後，除了魚蝦貝類受到感染，更甚者，在小魚吃蝦、大魚吃小魚、人食用大魚等食物鏈生物濃縮影響下，人吃了含合成洗劑之水產品後，受到的感染最深，嚴重影響健康。相對來說，軟性洗劑便較容易分解，當時世界先進國家皆使用軟性洗劑。因此，我竭力建議捨棄硬性洗潔劑、改用軟性。

此方針一出，遇到大規模廠商竭力抵抗，這些洗潔劑廠商更動用傳媒力量，攻擊我的政策，說我企圖獨利某家軟性洗劑廠商，讓我受到很大壓力。有一位我當年在台大公衛系教過的學生，當時在聯合報擔任環保記者，因了解硬性洗潔劑的壞處，他執筆寫報導，支持我的政策具有前瞻性，乃是正確的方向，無奈報社不敢刊登。於是我成了全民公敵，家裡也不時接到恫嚇電話。後來行政院孫運璿院長深入了解、查證後，以專業角度出面說明硬性洗潔劑對河川的影響與危害，局勢瞬間改變，報紙、社論、廠商

態度馬上一面倒。而當初大聲嚷嚷的廠商，在行政院公布無磷洗潔精更加環保後，爭相推出號稱對台灣環境最無傷害的軟性無磷洗潔精。

在遭受打壓的過程中，雖然看似孤立無緣，但我始終未曾妥協。這成了我日後任職環保局長的行事風格，以致於有報社記者直接稱呼我為「青番局長」，意指強硬、不妥協、說不聽的意思，我只是笑笑接受。

首度建立全國性空氣品質監測網

1974年我在美國考察時，看到洛杉磯、紐約、芝加哥等大城市，以及中央環保署皆設有精密的空氣品質數據報告，將此技術引進台灣的想法一直在我心中縈繞。1982年開始，終於有機會大展身手，為了解全國空氣品質，我陸續在全台建立空氣品質自動監測網。至1985已完成19個自動監測站的設置，並購置一輛空氣品質監測車。移動式監測車可以立即前往空氣污染發生處，車上備有完整的監測儀器，能將當地情況立即匯報至中央環保局。而十九個監測站的資料經電信局分封網路，每天皆傳入中央電腦資料收集處，中央因而能在第一時間取得全國空氣品質狀況以及氣象資料，向全國民眾報告空氣品質狀況。

完成博士論文

1961年歸國後，我繼續以國內環境爲樣本，進行大規模的空氣污染物煙流追蹤擴散實驗。研究論文完成於1984年，並因此論文取得京都大學工學博士學位。我的博士論文題目爲「台灣地區工業都市之大氣擴散能力及空氣污染管制系統之研究(Research on Atmospheric Assimilating Capacity and Air Pollution Control System of Industrial Municipalities in Taiwan Area)」，研究方式係採用準確度較高的實體模式(Iconic model)來進行實驗研究。我使用SF6(六氟化硫)作爲煙流追蹤劑，放進火力發電廠的燃燒爐，跟煤炭一起燃燒，以煙囪作爲圓心，計算在半徑不同的同心圓點，SF6落在地面的量，來瞭解污染物之擴散狀況。

這個煙流追蹤實驗創始於1981年，我以南部的高雄大林火力發電廠作爲實驗地，兩年後的1983年，我和研究團隊另外在北部的林口火力發電廠，繼續以另一樣本做實體擴散實驗。我採用「高斯煙流模式之理論公式」來分析結果，但在研究中發現，當初建立高斯煙流模式的地域，爲寒帶或亞寒帶，而氣候上包含亞熱帶與熱帶的台灣，則無法全然適用。最後我得出特有的「台灣大氣擴散模式」，此研究成果因而被評論爲「足以成爲東南亞發展中國家的參考」，對往後擬定空氣污染對策有極大幫助。一般來

說，博士論文要做到這種規模的大型實驗，實屬困難，但我因在校教書，加上身為環保局長，因此能動用較大規模的資源進行研究，實在幸運。

摩托車廢氣管制

　　環境保護局曾在1982年對國產新舊摩托車進行一項調查，台灣摩托車的數量是汽車的5.5倍，而摩托車在道路上的流量達到80%，污染氣體排放量高過汽車，尤其是二衝程機車，不分新舊，其一氧化碳排放量在怠速與高速行駛時，是四衝程機車的兩倍；碳氫化合物排放量則是8.5倍，所以環保單位傾向淘汰所有二衝程機車。當時台灣機車的生產有80%是二衝程機車，因此由環保局敦請政府訂定政策，禁止國內製造、以及自國外進口二衝程機車，並獎勵國內四衝程機車的生產。同時，環保局針對台灣摩托車量特別多的狀況，制定了世界頭一個機車廢氣排放標準，在1984年11月開始實施。

　　1984年10月，我在於南非首都普利托里亞召開之第六屆國際空氣污染會議上，以台灣摩托車的廢氣管制經驗，發表〈台灣地區施行摩托車排氣管制之全世界獨特案例〉論文，與會專業人士對此「台灣經驗」感到相當驚訝。十年後的1992年，台灣摩托車的總數量降低為汽車的2.7倍，再經過十年，台灣已經沒有二衝程機車的蹤影，高污

染的二衝程機車終於自台灣消失。

我與反杜邦運動

　　1986(民國75年)，美國杜邦公司計畫於鹿港設置二氧化鈦工廠，並聲稱自家公司的空氣污染防治設備完善，不會有任何問題。當時他們也招待一些政府相關人員前往美國參觀工廠，我則帶領著一些報社新聞記者，一同至美國參觀。杜邦公司的工廠都蓋在森林中間，占地廣大。在以前，美國杜邦公司以製作炸藥出名，為了表示自家工廠在安全措施上沒有任何疏失與遺漏，杜邦公司老闆的自宅就建在炸藥工廠之前。

　　以專業的角度前往美國考察時，深知在安全性方面無虞，但長期下來勢必造成污染。當時民眾的環保意識已經甚為強烈，以各種抗爭手段抵制杜邦設廠。因此隔年3月，杜邦公司取消設廠計畫。

禁用有鉛汽油

　　無鉛汽油之使用源自1973年，美國環境保護署為減少汽車排放的一氧化碳、氮氧化物、碳氫化合物等空氣污染物質，鼓勵汽車製造廠裝置「觸媒轉化器」。由於油中之鉛，會使觸媒快速毒化而失去作用，因此裝有觸媒轉化器

之汽車，必須使用無鉛汽油，以消除上述的污染物。1985年美國正式提出管制法令，逐步推廣無鉛汽油的使用，預計在1990年代中期完全使用無鉛汽油。

鉛是神經毒劑，含量過多將對人體健康產生危害。加上為使汽機車中的「觸媒轉化器」妥善運轉，我在任職於環境保護局期間，極力主張國內使用無鉛汽油，並與中油公司長期對抗，要求他們不得在汽油中添加鉛。在李國鼎先生支持與斡旋下，中油最後妥協。今日國內能夠繼續使用無鉛汽油，本人算是幕後推手。

需要毒物學專業人才

在環境衛生處任職期間，我在台大兼課時的學生之一陳永仁，因取得公費可以到海外留學，詢問我應該專攻哪方面、選讀哪所學校比較好。當時，在我國環境保護領域中，相當缺乏環境毒物學的人才，因此我建議他往這方面發展，回國後在這塊領域發揮。陳永仁因此前往哥倫比亞大學研究環境毒物學，2年後拿到碩士學位，回台後便任職於環境衛生處。

1983年，我發現台南灣裡地區有許多人在露天燃燒廢電纜以回收銅線，那時候尚未確定燃燒廢五金會對環境造成什麼樣的污染，剛好英國有一位教授來環保局發表有關戴奧辛的研究論述，我才驚覺露天燃燒廢五金可

能會產生污染，因此立即派人去二仁溪收集空氣及土壤的樣本。可是台灣並沒有檢驗分析的單位，後來美國學者勞長春來台灣參加科技會議，本人便向他請教相關問題，經討論後，將樣本送至美國做檢驗分析，才發現燃燒廢五金會產生戴奧辛。我向當時的行政院孫運璿院長報告，燃燒廢五金不僅會產生臭味、廢氣、更會產生戴奧辛，院長便指示成立處理廢五金管制區，規定廢五金廠商不可以在露天燃燒，必須設立焚燒爐。而後由孫岩章成立廢五金化驗室，檢驗焚燒爐是否有效運作(後來由沈世宏主導)，經檢驗合格後才能燃燒處理費電纜回收銅。在這樣的契機下，陳永仁也針對戴奧辛事件，完成有關環境毒物學之博士論文，順利拿到博士學位。

　　日後，又發生綠牡蠣事件。原因是燃燒廢五金時，經由高溫所產生的銅滲入二仁溪中，造成生物濃縮作用而產生綠牡蠣。因銅本身有催吐的作用，所以食用過多綠牡蠣就會想吐，幸而此事件並未造成太大的危害。

培養優秀人才

　　1983年7月，為向一般社會大眾宣導公害防治之概念，我帶著局內重要的研究人員李鐘松、林慧芳、沈世宏、陳永仁、陳秋蓉、羅萍等人撰寫「飛舞空中的殺手」「水族系的迷惘」「大千世界的環境衛生」「環境污染與

住的藝術」「毒性物質的點線面」等書。這些寫手都是我擔任環境保護局局長期間，培養的年輕優秀科技人材。如沈世宏(現環保署署長)、陳永仁(現台北市政府祕書長)、倪世標(現台北市政府副祕書長)、孫岩章(現台大教授)、林達雄(前環保署副署長)、黃光輝、王碧、李鐘松、林慧芳、陳秋蓉、蕭慧娟、鄭顯榮、袁紹英、何舜琴、方淑慧、黃拯中、魏秀蘭、王俊秀(現清大教授)、王俊淵、蘇國澤、張小萍、蔡惠澤、丁振文、王正雄、陳榮川等。

除了專業人才，當時的記者如許哲彥、楊憲宏、方儉林靜靜、梁蕾、李惠惠、呂理德、施焜松、翁台生、謝東華、李梅蘭、傅達仁等人常自由出入環保局，詢問我環保方面的問題，只要發現他們觀念上的錯誤，我立即為他們上一堂環保課。如當時環保意識方興起，有些人對於塑膠類，不分青紅皂白皆予反對，甚至主張要以紙袋全面取代塑膠製品。其實只有含氯的塑膠類(如PVC、PCB)燃燒時會產生戴奧辛，但像PE袋不含氯，故使用塑膠袋應釐清此事實，若全面以紙取代塑膠，反而將造成大量砍伐樹木的不當慘劇。我曾經向記者開玩笑說，像你們這樣進出環保局的記者，兩年就可以領一張環工的畢業證書了。

擔任環境衛生處處長及環境保護局局長的15年期間，所經歷的正是新舊環境——衛生行政與公害防治行政的過渡時期。因此，我得以同時從事環境衛生及公害防治

的行政，暨實驗研究以及教學等工作。我很幸運的在這
個歷史性時期掌理關鍵性工作，如實驗研究、開創環境
計畫，創立各種公害防治法律、環境保護行政體制的建
立、環境品質監視網的創立、環境影響評估制度的試辦
及環保人才的培訓等工作，使我國的環保體制一步一步
的建構起來，這正是我最安慰的地方。

經濟部技監期間

　　1986年，行政院舉辦全國行政會議，衛生署負責之
「環境保護」組議題中，正式決議請各目的事業主管機
關，設置專責人員或單位，負責輔導所屬企業改善污染狀
況。因此，經濟部於工業局正式成立「工業污染防治輔導
科」，管理民間企業如台化、台塑等公司，此為國內最早
成立的輔導機關。而負責管理中油、台電、台糖、中鋼等
國營事業之「國營會」中，也設置了工業安全衛生及污染
管理的單位。職是之故，經濟部開始需要污染管理的專業
人員。

　　隔年(1987)環保署建立後，我轉任經濟部技監，擔任
「污染防治與工礦安全督導小組」召集人，督導國營會。
同時，我也在經濟部專業人員研究中心，協助舉辦每年數
次的國營事業技術人員訓練，除了擔任統籌辦理人，並負
責環保方面課程的主講，退休後也持續擔任主講。該年

(1987)7月，中油預計在楠梓區高雄煉油廠增設第五輕油裂解廠(簡稱「五輕」)，引起強烈的反抗聲浪。居民和環保人士在後勁地區宣傳抗爭活動，甚至引發肢體衝突。我陪同當時的經濟部長李達海先生前往高雄協商促成，之後持續敦促五輕在污染方面的改善。

　　而後，經濟部計畫參考歐洲對有害事業廢棄物處理施行已久的高度工業化國家，在南部的加工出口區，籌建一座「有害事業廢棄物集中處理示範工廠」。因此1987年10月由我組織考察團，前往瑞典、丹麥、西德、瑞士考察兩個星期。團員有工研院陳陵援博士、馬文松博士，工業局林志森科長、中國石化公司陳福隆副總經理、中鋼金崇仁組長等六人。這些國家在處理有害事業廢棄物方面，技術甚為高超。當時親眼見到西德著名化學公司BASF的廢棄物焚化爐，透過專業技術，不僅去除有害物質的毒性，甚至令其再生利用，令人驚訝。也聽取瑞士環境工程顧問公司Von Roll的簡報，得知其如何利用有害廢棄物焚化處理系統，再行發電。這些世界最先進的技術，如能習得且用於台灣，台灣的有害事業廢棄物處理將往前一大步。可惜後來因為經費不足，最後這座示範工廠沒有興建成功。

　　1990年3月，我完成一篇《經濟發展與環境保護之融合》的報告，檢討國內經濟發展現況對環境的影響，並針對在公害對策、環境影響評估、公害的國家賠償、民眾參與環保運動、廢棄物回收、核能燃料封存、污染者付費等

各種現況與問題，提出改進建議，並逐一對照日本的作法。此外，我特別介紹與摘要當時任職於OECD環境委員會的橋本道夫教授所寫的〈日本環境政策之綜合評估與檢討〉一文，並將全文翻譯，置入我的報告中，作爲我國環境發展對先進國家的學習參考對象。

整體來說，日本在工業化推進下，亦面臨相當嚴峻的公害考驗，1970年前後，日本被國際視爲嚴重之公害大國，但1970年成立「公害特別國會」後，徹底改變環境政策，即使在能源危機的不景氣與通貨膨脹之下，仍堅持污染者付費原則，並將GNP的2%繼續投入環保支出(高於國防支出)。此舉並未造成日本經濟衰退，更使世界各國對日本刮目相看，譽之爲「日本經驗」。我認爲這是我國需要學習之處。

1991年6月，我提出《對全球溫室效應經濟部應有之對策》之報告。依照當時最新的研究指出，本世紀至下個世紀全球氣溫每十年將增加0.3度，到了公元2100年，全球氣溫將較當下(1991年)高3度多。而這種增加速度，比過去一萬年所增加的還要快。我在文中提出日本的作法，包括管制二氧化碳排放量、保護森林、新技術的開發、對民眾進行教育啓蒙，並推動國際間的合作。並期許國人洞燭機先，提前採取防治對策，尤其政府應透過各部會的努力，達成防止溫室效應的結果，改善生活環境。但遺憾的是，在本篇報告發表後20年間，全球氣溫確實不斷升高。

根據2010年底的調查數據，光是當年前11個月，全球「陸地」的平均氣溫便升高攝氏0.68度，創下1891年以來最高紀錄。根據2011年底數據，台灣人的「人均二氧化碳排放量」高居亞洲第一，除了政府應立法管制企業碳排，我認為國人在生活習慣方面，應予深刻檢討。

　　直到1991年退休，正式結束長達46年的公職生涯。退休之後，仍到一些學校擔任兼任教授，如師大衛生教育研究所、北醫大公共衛生系。回顧公職生涯，深感因為擔任公務員，才擁有服務社會大眾的機會，能一生不懈怠地推動台灣環保，對此感到相當值得，無愧一生。

行政院衛生署環境保護局局長時期事蹟(1982～1987)

1982年	於林口發電場附近使用煙流追綜劑來做煙流擴散實驗，並得到了台灣地區大氣擴散情形等貴重資料
1983年	針對戴奧辛事件，責成廢五金化驗室之成立
1985年	實施「環境評估強化計畫」 實施「台灣地區重金屬土壤污染調查計畫」
1986年	完成「台灣地區大氣品質自動監測網絡」
1987年	博士論文的一部份刊登於國際雜誌《APCA NOTE-BOOK》，為首次有台灣人的空氣污染論文登上世界性雜誌

第四部

杖朝思古

1991～迄今

退休生活與家庭教育

「台灣國語」兼任教授

　　1991年(民國80年)自經濟部退休後，擔任國建科技工業顧問社執行長，此外也在師大、台北醫學大學等校兼任教授。我的國語不大標準，學生總是不客氣地對我說：「老師你都說台灣國語……。」但因為擁有實務與理論的豐富經驗，學生很愛聽我上課。我的課堂不限於教室內，常常帶學生至校外，走訪火力發電廠、核能發電廠、石化工廠、染整工業、鍍金工廠、污水處理廠等。對於想出國深造的學生，我都相當支持，為他們寫推薦函、介紹國外老師。因為僅是兼任老師，不常待在校園，和學生的互動不算頻繁，但在民國94學年度結束時，竟收到台北醫學院優良教師獎座，吃了一驚，才知道學生們公開票選我為優良教師。我一直在北醫教書到2008年(民國97年)，才正式從老師的身分退役。

不能刻意創作的「短歌」

　　2002年(民國91年)8月25日，我入會台灣歌壇，開始短歌的創作。台灣歌壇舊名「台北歌壇」，因為早期國民政

府對「台灣」一詞極爲敏感，故只能以台北歌壇爲名。台灣歌壇的創始會長吳劍堂先生，畢業於台大醫學院，我在環保局長任內時，便因一場工業衛生的國際會議與他結識。吳會長曾集結歷屆歌會眾人作品，以孤蓬萬里爲筆名，出版發行《台灣萬葉集》，此書在1996年得到日本的「菊池寬賞」，名噪一時，吳先生也因此獲天皇邀請參加元旦短歌會。一直以來，我知道吳劍堂先生對日本短歌非常有興趣——他在1960年代便召集五、六人創立短歌會。1998年12月15日吳劍堂先生不幸因心臟病過世，但短歌會仍繼續發展到今天。

　　每個月一次的短歌創作大會，成爲我退休後最開心活動。短歌會的成員雖有少許年輕日本人，但大多都是早年接受過日本教育的台灣人，因此歌會的平均年齡約莫80歲。我們這一群「老人家」本來極擔心歌會的人數會愈來愈少，但不斷有年輕人參加，導致現在每年人數還持續增長，眞令人高興！

　　歌會規定每個月第四個禮拜要交出一首短歌，在集會當天，由大家一起品評。每個人可以在上繳的七十首歌中，選擇屬意的兩首，給予該首短歌的作者一分，最後結算各人的分數。要獲得眾人的青睞並不容易，因爲每個人的價值觀、審美觀都不同，大概有一半的人會得零分，目前最高分者的紀錄是七分。我個人參加多年，最高也不過得到四分，但我的得分率還不錯，有60%的機率至少拿到

一分的成績。

　　我本人學習理工出身，幾十年來從事的都是化學環境工程、政策擬定方面的工作，在文學領域並不擅長。因此，剛開始獲知要繳交「短歌」這項功課，搞得我腸枯思竭，在書桌前想破頭腦。但終於在不輟的努力下慢慢進步，有趣的是，我發現自己並不是突然開竅，而是想起中學時代讀過的文學著作，如芥川龍之介、北村透谷、尾崎紅葉、夏目漱石、谷崎潤一郎等以漢文調文言文寫的書，由於慢慢回憶起文學的感覺，愈寫愈順手。然而，在我的經驗之中，我認為愈是刻意去做短歌，愈寫不出好歌，像我得獎的作品都是即興創作的。

　　我的初期作品歌風較悲觀，但在年輕人持續加入後，被他們充滿朝氣的生命力影響，歌調改變，因此，我的年紀雖不斷增長，下筆卻愈來愈有生氣。漸入佳境的表現，讓我對自己的信心倍增，四處投稿參加比賽，曾在NHK全國短歌大會中，數度入選，並一度獲得佳作。

NHK全國短歌大會入選

年份	獲獎	短歌	大意
2008	入選	八つ橋の煎餅齧れる老いの齒の　滿更捨てたものでもないな	即使年紀大了，牙齒依舊有力，身體還算強健吧！

2010	入選	その昔の教育勅語は孔孟の教へと融合台灣にあり	日本教育勅語的精神依舊留在台灣儒家思想中
2010	小池光選	閑居して浮びくる死への恐怖感振り払はむと仕事に励む	拼命工作，以免除因太空閒產生對死亡產生的恐懼
2011	入選	山麓のせせらぎ見つつ一人して　朝の散策百藥の長	在山中散步，看著流水波光粼粼，是對健康最好的藥
2012	入選	山莊のリス綱渡り眺めつつ　朝餉とりたり秋空高し	山莊上的晨間吃著早餐，看松鼠走鋼索，心情愉悅

　　2004年，我提交參賽的作品在第十五屆沖繩縣短歌大會及歌人交流祭八重山大會中，獲得「NHK沖繩放送局局長優良賞」。這個比賽主題為「八雲放膽」，也就是讓大家自由抒發人生經歷。我提交比賽的作品為：

　　老いらくの夫婦愛には
　　陳年の銘酒の如き
　　風格の有り

　　意思是老夫老妻長年的感情，如同陳年醇香的好酒，深具風味。這首歌寫盡了我和妻子的人生，如今我們仍一同攜手，歡喜地度過每一天。2004年1月31日，我和妻子

歡喜地至沖繩領獎，在會上也遇到有名的詩人藤岡武雄，相當開心。

此外，我也將生活中的題材納入創作，結合日常經驗，抓住腦中靈光一閃，一揮而就，至今已經寫了三百多首歌，不論有沒有得獎，都珍藏在我的時光寶盒中。

台灣協會報學藝欄台灣歌壇一首抄選歌(莊進源創作)

年份	短歌	大意
2003 (平成15年6月)	不味くとも癌除けなると 我武者羅に健康食を食みる人達	為了防癌，儘管不美味的食品，還是得吃
2006 (平成18年4月)	豪雨の中野良貓達の宿り場を　拵へる孫の心根優し	豪雨中為野貓築避難所、心美的孫子
2008 (平成20年9月)	食はねども高楊枝の士少なくなり　經濟アニマル增ゆる世となり	經濟發達，有氣節的人愈來愈少了
2009 (平成21年7月)	凡人の座禪甲斐なし空ならす　雜念煩惱依然として在り	凡人坐禪無用，依然煩惱
2011 (平成23年9月)	良くなれと一匙づつを老犬に　食べさする吾に目潤めり	一匙一匙餵食病弱的老狗，看著我的狗，眼眶都濕潤了

「適性發展」的家庭教育

　　莊家的孩子有天資聰穎型與自我努力型兩類，我和妻子尊重子女的個性與興趣，並讓他們能夠自然發展，唯一的要求是在待人處事上，必須誠實而不虛偽。我因工作忙碌常不在家，家庭教育的責任主要落在妻子頭上。

　　教育並非易事，夫妻倆協議好的原則，可能因現實狀況被打破。例如我們夫妻的基本原則是不打小孩，但有一年寒冷的冬天，剛洗完澡的長子竟淘氣地將整條手背弄溼，導致穿在身上的四件衣服都必須換下來。冬天沒有陽光，衣服都要燒木炭來烘乾，常常一不小心就會把布料燒掉，長子一下子多製造四件換洗衣服，讓妻子相當生氣，忍不住要動手打小孩。我深知妻子動怒原因，但還是出面擋在他們之間。多年之後，妻子常拿這件事取笑我，說我當年像老鷹一樣護著孩子，還說「要打、打我好了！」讓我不禁莞爾。

　　五個孩子各有不同的特長與性格，老大碩崴聰穎機靈，從小就因心算特強被稱為神童。但他懂事時，看著我在工作上忙碌無比、鮮少待在家中，便立志絕對不要像爸爸一樣，當薪水固定的公務員。母親要他讀書，他卻說爸爸書讀這麼多，還不是替學歷比他低的人提皮箱，所以他要當王永慶！說得妻子啞口無言，原來我們日常對話都被

他聽進耳，銘記在心，這孩子特別聰明，卻因對世事領悟太早、又不成熟，導致偏激地說不讀書就不讀書。後來他只考上私立大學，讓母親失望又傷心。不過碩崴的才能畢竟沒被埋沒，畢業後他一直致力研發「製造微泡沫」的新式機械。他的機器可以製造出非常微小的帶氧氣泡，能極佳地應用於污水處理、魚缸打氣與醫學用途。由於這項發明他還申請到四五個專利，只要有人投資，前景可期！

　　長女慧玲雖不如哥哥聰穎，但從小就勤勉向學，常常熬夜讀書，甚至不上床睡覺，用功的程度讓人心疼。升高中那年，女兒因考上妻子的母校中山女高，讓妻子相當高興。自中興大學企管系畢業後，她陪同丈夫到日本留學。

2001全家福

我們家唯一的女婿爾後在大阪市立大學醫學部腸胃外科研究室研究三年，並在日本考取醫師執照，成為執業醫師。女兒原在日本的亞東協會工作，後來成為自家醫院的事務長，夫妻共同經營醫院。兩人的一子一女也走上醫科之路，成為標準的「醫生家庭」。

次子碩鴻和他大哥一樣聰明絕頂，但因交友不慎，十分愛玩，後來也跟上哥哥的思想，開始表現他不念書、不當公務員的堅毅決心。畢業於世新大學後，他在日商大樓管理公司工作幾年。有一次，主管當面說他做事懈怠不用心，他忿而辭職、自行創業。經歷一番努力，事業扶搖直上，非常成功，真是對他刮目相看。

三子碩漢從小就貼心，看哥哥都不讀書，拉著妻子跟她說「我會念書」。這個孩子在體格和性情上最像我，是個平穩踏實的人。五個孩子中唯有他和老爸一樣讀到博士（美國南加大政治學博士），歷任世新大學教務長、淡江大學副教授、銓敘部次長、台灣省政府副主席、行政院發言人、僑委會副主任委員、立法委員。當初他選擇步入政壇我還有些猶豫，但他反應機敏、問政實在，又擁有為民眾服務的心，因此我和妻子竭力支持他。么子碩洋則追隨三哥腳步，哥哥讀什麼學校他也跟進，甚至科系、組別都相同，直接使用兄長的課本，省下不少教科書費用。台大畢業後，也進入美國南加大就讀政治學碩士。在剛入伍時，還遇到之前帶兄長的同一位師長，一看到莊碩洋的名字，就

問「你是莊碩漢的弟弟？」由於哥哥表現良好，他往往一到新環境便得到關注。

我們夫妻在婚前曾經一同建立「絕不吵架」的原則，但結婚多年，難免在孩子的教育問題上產生口角。但我以工作上的「環境影響評估」來分析家庭氣氛，將吵架的利害分析給妻子聽，當然最後的結論就是：吵架對於兩人關係並沒有好處。因此，我倆即使在小細節上略有爭執，總能彼此容忍，協議出一個對孩子最好的結論。也許因為這樣，連孩子們都說我們是模範夫妻。這一點，我想應歸功於妻子，因為她那日本女性的美德，讓她總在重大關節上聽從我的意見，而日常小事我全尊重她的抉擇。今天，我能驕傲地說，我們家培育出五個對社會有貢獻的孩子，感謝佛祖的保庇，孩子的努力，最是感謝妻子的用心。

勤懇踏實，自有庇護

結髮62年的妻子常說，我太老實、脾氣又太硬，這輩子注定當不了有錢人。回首八十多年的歲月，為了推動台灣環境保護，我似乎得罪不少人，但這些作為並非為了我一人的利益，如今看到台灣環保的大發展，我慶幸當初的諸多堅持。而個性上不善逢迎拍馬，導致多次無法升官，表面上看來吃虧，其實我獲得的更多。在一生中，許多貴

人因為我篤實的性格始終支持著我。我在台灣環保史上做了很多個「第一」，這些都不是靠我一人之力能完成。成為富翁從來非我志向，但我自認是「心靈的富翁」，我的人生因萬分充實讓我相當滿足，我覺得自己非常幸福。

第一列表

序	事蹟	時間
1	首度進行水肥生化需氧量(BOD)測定	1956
2	首度於屏東設立強制通風式垃圾堆肥實驗廠	1957
3	第一個獲得美國空氣污染防治中心研習證書的台灣人	1966.12
4	首度將密閉壓縮式垃圾車引進台灣	1967
5	創用台灣第一部空氣品質自動監視器	1970
6	創用台灣第一部河川水質自動監視器	1971
7	將「環境影響評估」引進台灣第一人	1974
8	創立中華民國環境保護學會	1974.12
9	首度主持台灣地區公害防治先驅計畫(在高雄地區)	1975
10	公布台灣地區環境空氣品質標準第一人	1975.10
11	首度對柴油車、船舶、火車的排煙加以管制	1976
12	首位在國際會議上發表「台灣地區空氣污染」學術論文的台灣人，並使中華民國環境保護學會成為國際空氣污染防止學會聯盟(IUAPPA)會員	1977

13	首度推動國內各場所禁菸活動 (飛機航線、電影院及大眾集合場所禁菸，以及推動火車不吸菸車廂)	1978
14	首度在世界環境日推動兒童環境保護漫畫比賽	1979.06
	受交通部郵政總局邀請，首度設計環境保護圖案	1979.06
15	首度在都會區對汽車排氣加以管制	1981.01
16	首度於大林發電所實施煙流擴散實驗	1981
17	台灣第一任環保局局長	1982
18	首度於行政院院會報告(灣裡地區)露天燃燒廢電線電纜將產生戴奧辛	1983.07
19	推動環境影響評估方案	1984
20	推動世界上第一個摩托車排氣管制標準	1984
21	首度實施台灣地區重金屬污染調查計畫	1985
22	首度建立台灣地區大氣品質自動監視網	1986

恩主公訓話

我太太一直是虔誠的信仰者，我年輕時並未確立什麼信仰，偶爾也斥責她迷信，但每逢過年過節，還是不忍違拗她，陪她到廟裡拜拜。記得婚後有一次，我們到民權東路上的行天宮燒香，當時我在工作上不是很順利，長年不

見升遷，心感鬱卒。拜拜以後，我們抽了一支籤，籤上寫到：「行事誠懇、老實，就能獲得祖先失去的錢財。」我想起父親早年至廈門經商失敗，神明說的「祖先失去的錢財」，應該就是指父親的虧損。從那時開始，我便將「要老實」作爲恩主公的訓話，也是我一生行事的準則。

當我心中產生對神明的敬意，信仰對我來說便產生了意義。有一次我在廟裡對菩薩三鞠躬，感謝祂對我們一家人的守護與照顧，隱約間，竟看到菩薩對我點頭回禮。此後遇到難以抉擇的事情，我便聽從妻子的意見前往請示。

差一點去了越南回不來

1950年代，在我國接受美援的同時，也開始派出農耕隊至各國指導農業技術。1959年越戰開打，我國卻仍在煙硝戰火間，於1959至1960年派出三組農耕隊前往越南，協助其農業經營與開發，展開農業外交。

1961年底，中國農業復興聯合委員會(簡稱農復會)得知我早年在堆肥方面的實驗成果，希望我以堆肥專家的身分，加入已出發的越南農耕隊，擔任技術指導人員，去改善當地的垃圾堆肥廠。我想或許到國外能充分發揮自己的價值，因此準備接受，並已向台灣省環境衛生實驗所請辭。

　　臨行前，妻子要求我先到行天宮拜拜，請示神明。拜拜那天讓我印象深刻，因為持續抽到壞籤，這表示神明對此行並不贊同。於是拿籤向廟公請教，廟公說的確是壞籤，不要去比較好。我聽了大為光火，都已經談了八成的事情，豈可因為一場拜拜作罷！不禁對太太發火，說這是迷信、是迷信！廟公說：「先生你既然不信，又何必來！」聽得我愣在原地。於是我們夫妻又前往關渡媽祖廟，結果還是抽到下下籤。不久，兩越再次開戰，許多派駐越南的農耕隊員因而無法歸國。得知此消息我冷汗直流，如果自己當時去了，可能就回不來了。

孤燈照不亮

　　1968年台北市政府環境清潔處成立，市長高玉樹先生本屬意我擔任副處長，但當時的行政長官都非專業人員，而是指派官員，如環境清潔處便指派軍警人員擔任。在專業領域未獲重視，讓我悶悶不樂。這時，中部某大企業因工廠運轉不順，在我以前同學黃振榮博士的推薦下，請我去作內部診斷，甚至有意邀請我去工作。當時我滿心期待前往大展伸手，因此便先請假一段時間至工廠視察狀況，並向高市長請辭。不料去了之後，工廠負責人將我當成取代他的人，對我相當不友善，讓我對轉換工作跑道起了猶

疑之心。在此進退兩難下，我和妻子到恩主公去求籤，籤
上寫著「孤燈照不亮」。解籤的廟公說，我好好做公務
員，將來必定大有江山。有了上次前往越南的求籤體驗，
我雖百般掙扎，決定回絕企業的邀請，但一方面還是感嘆
自己一生只有做公務員的命。

　　結果1972年10月，我有幸進入中央擔任衛生署環境衛
生處處長，總理全台的環保推廣。接獲此職務的剎那，心
中百感交集，當初若選擇到工廠就職，頂多也只是擔任廠
長一職，而且也失去管理決策全台環保的機會。除了感
謝，更慶幸自己始終堅持誠懇、老實的努力。人生中的命
運，可以說真是奇妙，沒有人可以預測未來，但我深深相
信，神明會守護踏實奮鬥的人。對我來說，信仰不再是迷
信，當一個人的心地光明、問心無愧，那麼在努力足夠了
以後，便同時會迎來勝利。

時空遷移有感

　　我出生於日本時代，母語是日文，從小又在皇民化運
動的氛圍中成長，一直以「住在台灣的日本人」自居。20
歲那年，太平洋戰爭結束，台灣光復，我的身分轉變為中
國人。台灣總督府雖然換人進駐，一貫的威權體制不變，
在「反共復國」的國體精神中，身為公務員的我，也遵照
這個公認的價值觀，追隨唯一「黨」的領導。1987年(民國

76年)我離開環保局，也是這一年，總統下令解嚴，台灣政治氣氛逐步轉向開放，代表「台灣人」的反對黨出現，甚至成功政黨輪替成為統治者。當「本土化」受到重視，我和妻子幼年時對台灣這塊土地的認同甦醒了，因此三子碩漢投入政壇時，我們竭盡一切支援、力挺，在他所參加年輕的政黨中，我看到台灣新興的希望。

　　曾經出現在我故事中的長輩、平輩，甚或部分後輩都已經離開世間，我發現自己真的一把年紀了。但我的心依然青春，記憶可能間歇性空缺，然而對生命的熱情、對嗜好的興致，以及對不正義的憤怒，時時在心田、在我與妻子對話、在與採訪者對談過程中湧現。今日台灣的歷史，許多都是我親身經歷的過去，我想以一個「參與歷史」的現證者，訴說一些我印象中的真實。

培養至高人格之「教育勅語」

　　1895年日本人統治台灣之後，在島上積極實施基層學校教育。台灣總督府於1898年發布公學校規則，這是近代台灣最早的初等普及教育。早在1890年(明治23年)日本天皇正式公布「教育勅語」，作為日本教育整體的基礎原理和最高準則，期待國人在教育勅語的薰陶下學習修身之道。因此日人治台後，教育勅語自然也成為台灣教育的至高依準，台灣人原來就有儒家教育的傳統，而深究教育勅語的

內容，便可發現其內在精神來自中國的唐朝，因此極容易
被台灣人接受，此三綱五常的思想傳播，取得正面的統治
效果。

　　我在小學校時代，德育方面有一門「修身科」，內容
就是學習「教育勅語」。教育勅語通篇以漢文調寫成，讀
來正氣凜然、韻味十足，在我小小的心中，覺得是非常了
不起的文章，因此將它背得滾瓜爛熟。雖然朝代已易，至
今我仍覺得這是一篇佳作，足以和後世分享。且容我將
「教育勅語」全文引用：

> 朕惟、我皇祖皇宗、肇國宏遠、樹德深厚。我臣
> 民、克忠克孝、億兆一心、世濟厥美、此我國體之
> 精華、而教育淵源、亦實存乎此。爾臣民、孝乎父
> 母、友乎兄弟、夫婦相和、朋友相信、恭儉持己、
> 博愛及眾、修學習業、以啟發智能、成就德器、進
> 廣公益、開世務、常重國憲、遵國法、一旦緩急、
> 義勇奉公、可以扶翼天壤無窮之皇運。如是、不獨
> 朕忠良臣民、又足以顯彰爾祖先遺風。斯道、實我
> 皇祖皇宗之遺訓、而子孫臣民所當俱遵守。通之古
> 今而不謬、施之中外而不悖。庶幾朕與爾臣民、俱
> 拳拳服膺、咸一其德。

　　上述內容描述日本自古以來建立了悠久綿遠的國體，

而此番榮景全賴臣民的諸多美德作爲支撐基礎,因此國民應承繼先德,繼續遵守醇美的風範,文中具體揭示應透過儒家的十二個德目,來培養民眾的德行,甚而將此祖先遺訓擴大到國外實施。

第二次世界大戰結束後,日本本土面臨思想空洞、哲學欠缺的窘境,一些國會議員一度建議恢復教育勅語,來振興國人的士氣,但並沒有成功。或許是因爲這段敕語曾被曲解,利用於太平洋戰爭中的對外侵略,使日本人不敢再奉其爲圭臬。其實教育勅語的內容是非常好的,我相當認同其蘊含的父慈子孝、兄友弟恭等價值觀。可以說「教育勅語」不僅涵養了我的內在,更形塑了我們這一輩台灣知識分子的人格。如果說我們這些知識分子對台灣的發展有所貢獻,我認爲日本人「實施教育勅語」的政策功不可沒,在歷史的評價上應佔有一席之地。

2010年(平成22年)我送一首以教育勅語爲題材的短歌,到日本參加比賽,內容意思是:過去的教育勅語已巧妙地融合在台灣的中國孔孟文化中,此歌獲得NHK短歌大會入選,可見現今日本對我的想法,頗有認同。短歌內容如下:

その昔の教育勅語は
孔孟の教へと
融合台灣にあり

終戰後的台灣

　　歷史上對終戰後的台灣已經有諸多描述，但我還是想訴說我親眼所見、親身經歷的那一切。

　　第二次世界大戰結束不久後，來自中國的軍隊大量湧進台灣。在台灣島上的我們，心想終於可以投入祖國的懷抱，心中歡喜無限，大家呼朋引伴，穿上最體面的衣服，爭相趕到碼頭要來迎接祖國士兵。有人甚至從台南、高雄連日趕著北上，就是為了見證這歷史性的一刻。記得我們去了好幾天都撲空，船一直沒有抵達，但大家懷著忐忑不安又期待的心，持續每天趕往碼頭的行程。

　　有一天，船終於靠岸了，那一幕，真讓我永生難忘！登上岸的中國士兵，盡是衣衫不整、垂頭喪氣、蓬頭垢面的一群人，他們拿著扁擔、穿著破爛不堪的軍鞋，頹廢地一步一步前進。看到這樣的景象，大多數人失望了。但有人仍抱持希望為這些士兵開脫，他們解釋說，中國軍隊才剛打完一場激烈的戰爭，理所當然身心俱疲，但這些祖國的士兵一定相當了不起！

　　不料，這些士兵登陸不久後，開始任意闖入民宅與學校，占據日本人已經搬離的空房或土地，連板橋林本源園邸也被侵佔。不僅如此，還有些恣意妄為的士兵，不知廉恥地擄走婦女並加以性侵。就是這些到處惹事生非的士

兵，將台灣帶入一段聞之色變的黑暗期，造成秩序混亂，社會亂象產生。而這一切要等到一年後陳誠來到台灣之後，才逐漸平緩下來，並且有明顯的改善。

在那段黑暗期中，不只中國士兵在作亂，甚至連中國的政府官員也為非作歹、侵權貪財。台灣政府機關裡，重要職位幾乎由外省人控制，而長官公署的九個重要處會十八位正副處長中，只有一位副處長是台灣人；十七位縣市長中，僅有四名台灣人。原本在政府機關服務的台籍公務員被裁員，而留任的也往往受到輕視與侮辱。此外，台籍的警察也只能屈於這些中國官員之下，無計可施。印象中，那時盜竊風氣旺盛，我的兩台腳踏車接連遭殃，真的是相當可惡。台灣人在日治時期的生活習慣、日常禮節，以及所受的教育完全不被尊重，政風、軍紀嚴重敗壞，貪污橫行。

這些來自中國的官員們為了發財，直接侵占日本人在台灣建設的產業，如糖廠、米廠、鹽廠，並且胡亂操作市場，將資金流入上海，導致了台灣的經濟恐慌與通貨膨脹，物價不斷上漲。許多不守秩序的人則任意蓋違章建築，藉此賺取暴利。更有人經營詐欺的「七洋行」，放行高利貸，台灣人看到金利高，紛紛將自己的財產投入七洋行，希望賺回雙倍的金錢，不料最後都遭到倒會，一毛也拿不回來。我還記得一個台大的同學，去七洋行討錢後，踢了一個汽油桶回來，說只從七洋行要到這個汽油桶，讓

我哭笑不得。七洋行經營者以惡性倒會騙取台灣人的錢後，逃之夭夭，將一票台灣人害得相當悽慘。

　　經濟的獨佔與蕭條、政風的貪污腐敗、民生的凋敝、軍警的作威作福，以及越來越惡化的社會治安，讓民心流失，台灣在地人民對政府怨聲載道，從期望到失望，並跌進了絕望的深淵。

二二八事件

　　二二八事件已屆65週年，受難的記憶逐漸淡出台灣社會，這段深刻的歷史甚至不復存在於年輕一輩人的記憶中。以往我們敢怒不敢言，但即使到了可以破口大罵的今天，謾罵又能帶來什麼呢？我是一個學者、一個公務員，以下所言屬實，但願歷史查證一切，給我的同胞一個公平的交代。

　　1947年的2月27日的傍晚，專賣局查緝員到台北市附近，查獲一名女菸販販賣走私煙，並用手槍槍柄打傷女菸販頭部，圍觀的群眾憤怒地追打查緝員，慌張中逃跑的他毫無目標地向群眾亂開槍，誤殺一名旁觀市民。此時，群眾積壓已久對政府的不滿情緒，像火山爆發一般炸開來，人民成群結隊衝向警察局和憲兵隊表示抗議，但卻得不到任何回應。

　　隔日2月28號上午，各地憤怒的群眾湧向專賣局台北分局抗議，並到行政長官公署前廣場示威請願。沒想到，

長官公署動用機關槍，掃射手無寸鐵的群眾，死傷數十人。衝突事件迅速擴及全島，各大市鎮都發生騷動，出現台灣青年學生、民眾、退伍士兵結合，與國民政府軍隊對抗的局面。陳儀一方面答應改進，一方面卻打電報到大陸給蔣介石請派軍隊，導致隨後發生國民政府派兵屠殺、清鄉、白色恐怖等等的鎮壓肅清，造成無數人員的死傷。

3月8日開始，憲兵陸續抵達台灣，記得那一天我在馬路上觀望憲兵，相當令我吃驚的是，當群眾表示抗議，憲兵竟毫不客氣地對民眾開槍，大家嚇得四散。那天起，我對這群中國軍隊對產生危機感。隨著軍隊血腥鎮壓，3月13日平定全台動亂，警備總部開始肅奸工作，以戶口調查名目，全面搜查，逮補社會有地位的人、知識分子、民意代表、作家皆被貼上危險分子標籤，為肅奸對象。

二二八事件發生之後，台灣島上一片混亂，宛如一個失序的國度。欲伸張正義的台灣檢察官遭到報復，民宅莫名出現軍警亂抓人，隨時有人失蹤、被殺害。憤怒的台灣人示威抗議，卻被視為滋事分子遭到胡亂屠殺，在「清鄉」的顧成中，台灣知識菁英紛紛被槍決，尤其是「三民主義讀書會」的知識分子大都下落不明，沒有選擇逃亡的醫生也是大難臨頭。印象中，當時台灣大學文學院院長林茂生無故被逮捕、殺害身亡之事，震驚全台，據說被丟到淡水河。在這樣的恐慌之下，民眾多半不敢外出，因為在動蕩不安的街道，常見官兵不分青紅皂白就拿槍掃射，簡

直毫無王法。

　　民國36年，我正在台大就讀一年級，因為一邊讀書，同時在礦務科化驗室研究，甚少與外界接觸，因而躲過這場災難，但所有台灣發生的事，我都略有耳聞，得知島民被殘殺，我深感心痛。4月18日，美國駐中國大使修爾特發信函給蔣介石，對國民黨軍隊的暴行表示抗議，蔣介石才在10月22日將陳儀免職。三年後(1950.02)，陳儀以叛國罪被槍斃，即使殘害台灣同胞的始作俑者有此下場，傷害仍已經造成了。

台灣的環境衛生史

　　台灣衛生環境的改善，始自日治時期，這是無庸置疑的。西元1895年，日本人攻占、登陸台灣之時，有515位官兵受傷，戰死164人，但罹患瘧疾而死的人數卻高達26,094人。日本人鑑於官兵因疫病而死者比戰死者多出百倍，因此開始致力於衛生設施的設立，如建醫院、開辦醫學教育，確立了台灣醫學發展的根基。此外，也相當注重環境工作，如在台灣總督府設置的警務局衛生科，便是最初的衛生行政建制；同時並設立中央衛生會，做作為衛生諮詢評定機構。

　　諸如公布傳染病預防令、制定法定傳染病種類、施行船舶檢疫規則、發布清潔法等衛生業務，都由警察機關來

執掌處理，因此加倍地產生效率。日本政府亦積極在一些都市建立自來水廠，並推行下水道建設工作。西元1899年，已經開始處理污水，公布台灣下水道規範暨施行細則。但儘管如此致力於推行環境衛生工作，在鄉鎮地區因經費有限，無法普遍設立下水道，因此島內大多數地方衛生情況仍然不良，導致時常發生由病媒(蚊、蠅、蟑螂等)所引起的疾病。

戰爭末期，我當過短暫的學生兵，當時大部分的人都因感染瘧疾而生病。二次世界大戰結束後，台灣在600萬人口中，約有100萬人感染瘧疾。因此，戰後的中華民國政府在繼承日本人的醫療衛生技術後，立即成立瘧疾研究所，並使用DDT來滅蚊，從此除非國人自國外帶回病原，否則台灣不再有瘧疾的發生。

但終戰後的國民政府除了滅蚊之外，並不重視環境衛生這一塊，直到民國43年世界衛生組織專家William H. Weir前來台灣視察衛生狀況，建議我國政府應設立相關環境衛生機構，台灣省衛生處方於1955年(民國44年)正式設置環境衛生機構——台灣省環境衛生實驗所。首任所長為榮達坊，所內成員共41人，內部設立5組，掌理飲用水及污水、水肥垃圾處理、防鼠滅蠅、食品衛生、商業衛生、鄉村衛生及房屋衛生、工業衛生、原子能污染與空氣污染之調查、研究、實驗等事宜。當年30歲的我便進入此衛生單位服務，此刻起，我全程參與台灣的環境衛生、環境保

護,直到1987(民國76年)離開行政院衛生署環保局。

在我的觀察下,我國環境保護組織之發展可略分為三個階段:第一個階段為1971年3月17日成立行政院衛生署以前,當年沒有專門的環境保護單位,僅由內政部衛生司掌理傳染病防治、國際檢疫、環境衛生等較為傳統的環保業務。而1967年起,由於經濟部成立工業局,該局第七組掌管工業廢氣、廢水及其他污染防治之協調工作,因此對於公害防治有了初步認識。

民國60年代成立行政院衛生署以後,在工業與經濟的發展之下,我觀察到台灣環境品質逐漸惡化,主要因素有三:

一、工業型態改變速度大於科技進步速度。

二、人口爆炸性增加和都市化的過度發展。

三、資源的缺乏和資源的浪費。

此時,則進入環保組織發展的第二階段,即自1971年3月17日起,至1982年1月28日環保局成立為止。在此階段,環境保護工作著重於公害防治。當時權責分散在各機關,如空氣污染防制由台灣省環境衛生實驗所辦理,水污染防治由台灣省水污染防治所負責,垃圾處理則由衛生處負責。而中央空氣污染與垃圾處理由衛生署主管,水污染則由經濟部水資會與工業局負責,噪音則由警察機關辦

理。因權力分散，群龍無首，導致難以進行資源的整合。

　　1982年1月29日，中央衛生署成立環境保護局，這是環保組織發展第三階段的開始。環保局成立以後，台灣省、台北市、高雄市之環境保護局也相繼成立，整個環境體系有了比較完整的架構。此後，所有公害防治工作如空氣污染、水污染、廢棄物污染、噪音、毒性物質管理以及環境影響評估等，皆由中央及地方的環保機構負責，以統一事權。此外，人力及設備亦逐漸充實，使我國的環境保護工作走向另外一個嶄新的境界。而關於環境保護中公害防治之外的另一部份工作──自然環境的保護，除辦理環境影響評估在環保局外，其它如國家公園、野生動植物保育等工作，仍分散在政府其他各部門辦理。日本的環境廳主辦公害與自然保育，美國則是公害交由環保署，自然與水土保持由另一機構。我在草擬環保署組織法時採用美國的制度。

吾之「住的藝術」

　　我個人對居家環境相當重視，因為住居生活是否快適，關係到人與地域之保健水準，不但對社會共同生活有所影響，而且也對家庭內之人際關係乃至個人人格都有影響。雖然住居對健康生活有密切的關係，但自第二次大戰後，各國爭忙著致力經濟發展，首要被注意的重點都放在

「衣」、「食」等切身之急，直到工業發達、公害頻發之時期，人們才開始關心住居環境，一般來說，經濟愈是發展的國家，對其住居之問題愈是關心。台灣經濟發展迅速，在個人經濟較為寬裕後，開始有愈來愈多的人將花費轉至住居方面。然而礙於台灣的土地面積有限，很難自由選定土地，並依照衛生學的基準來築建理想的住居。

中國人善於置產

根據我的觀察，中國人向來比日本人還重視「住」這一件事。根據一個有趣的統計，日本人有錢時，大都花費在生活上的享受，如購買汽車、相機、音響等奢侈品；而中國人有錢時，首先一定用在購屋置產，因為中國人認為「屋」乃蔽身、保護個人生命之處所。當然，也與中國農業社會的性格有關。

以科學的角度分析，人是無法在戶外長久生活的。因為戶外風速平均每秒1～3公尺，人體不堪如此吹拂；而白天陽光在10萬Lux(米燭光)以上照度，加上輻射能、紫外線強光、極高的溼度，皮膚無法長期暴露在此種光線之下。衣服所能維持人體溫度範圍約在攝氏10℃～26℃，台灣的冬天溫度往往低於10℃，夏天則又高於26℃，因此僅靠衣服來維生，顯然是不夠的。這是為什麼我們的老祖宗在50萬年前便以洞穴為家，若非如使，

人類難以繁衍生存。

但一向注重購屋置產的中國人，對住屋的品質向來卻很少重視。雖謂「住者有其屋」，卻也得考慮到「住」除了蔽身之外，還得能提供舒適健康的環境。過去國人對住屋的觀念與品質要求比較落後，比如說：國人總認為廁所很髒，應該避而遠之。事實上，如廁乃生活之一部份，要談「住的藝術」，不能不提到「廁所的歷史」，因為廁所的進步與發展，住居品質才有提升的可能。因此，吾之「住的藝術」，要從便器談起。

僕役才使用廁所

人體排泄物，除直接水洗至下水道之方式外，其餘皆儲存於適當容器或設備內等待清運、處理，這種儲存設備，即稱為「廁所」。「廁所」的產生，可能有以下二個理由：第一是人們漸漸集居一處，過著團體生活，若是隨地大小便，既臭且髒，極不衛生，將影響人們的生活品質，為此必須選定一個隔離場所來解決大小便的問題。第二是為了羞恥心，為了避免被他人看見，需有一處隱蔽的地方，或是以掘穴掩埋或流入河海的方式來解決糞尿。在一開始時，將四周遮蔽起來，漸漸的，演變發展為住居內使用便器或設置廁所。

便器在漢朝稱為「虎子」，據說漢朝的將軍李廣射殺

老虎後，以其頭顱作為枕頭，而將銅鍍成虎頭狀作為便器，從此便器逐有「虎子」之稱呼。自漢朝開始，便器成為閨房必備品。便器是古代偉大的發明，而最早的廁所卻與豬圈設在一起，收「養豬」與「方便」的成效。由於廁所位置不甚潔淨，因此僅供階級較低的人使用，較高貴的人則使用便器，此種風氣一直維持到清朝，清朝宮殿雖有廁所，但都是身分低的僕人在使用。

各地的廁所

　　因為有身分地位的人少，大部分民眾都是使用廁所。在各國地理環境、生活方式的不同之下，廁所的型式、排泄物處理方式也有所差別。早期的中國鄉下人，大多數都在露天方便，不另挖孔掩埋，由散養的豬任意攝食。而在中國華南地區擁有大池塘的村落，便在池中設置簡便的蹲式廁所，民眾需要方便之時，經過鋪設的踏板來到池中央，排出的糞尿直接流入池中供作魚類養殖的飼料。早期日本式的廁所稱為「川屋」，形式與中國華南地區鄉下之廁所完全一樣。西歐國家則較早開始使用水洗式廁所，考古學家已經在龐貝城遺跡中發現水洗式廁所，龐貝城曾是古羅馬最繁華的都市，雖於公元79年遭火山灰活埋，但已擁有600年的歷史，可見羅馬使用此類廁所的時間甚早。至於不靠近河川或不便以水排除泄物的地方，則使用二種

廁所，第一是坑廁，將糞便儲存於容器內，再挑出拋置於土地或河川；第二是滲透式廁所，將污物滲透入土中，此種廁所僅在擁有砂質土壤的地方可用，馬來半島很多鄉村可見到此種廁所。

各國廁所變遷的歷史雖然迥異，但樣式卻差不多。而決定廁所型態最重要的因素，乃是地理環境、地質性狀等自然因素。例如：某地之土質為岩質者，則無法使用滲透式廁所，只能發展水洗式廁所。人類慢慢地發現，廁所應設置在使用上最方便的地方，且必須遠離乾淨的水井及廚房，後來更有將男女廁所分開、以顧及禮儀的意識，以及隱蔽性、衛生上的考量。古時中國和日本，都忌諱將廁所設在東北隅或西南隅。此種方位或風水的想法，有其論據，是人們累積長時間之經驗而產生的，並非茶餘飯後閒聊而來。關於廁所方位之吉凶，其由來可能有三：第一是精神信仰方面的理由；第二是衛生方面之理由；第三是風俗、倫理、道德方面之理由。

東為萬物發生之始，而且是春陽產生之處，當時人們以為於此處，若有不潔之污染來源，則家庭內遂有夫婦不和，或病氣叢生，或阻礙發展等凶運，乃甚至猝死等事端發生等等，這種想法即是由精神信仰方面而來。此外，廁所不應與鄰家的房門或餐廳相對，同時廁所的內部不應讓鄰人或行逕戶外之路人一覽無遺，此則基於衛生與倫理道德方面之理由而來。

「廁紙」之始非「紙」

談到廁所，相信大家定會馬上聯想到衛生紙。古時中國，紙是價格昂貴的東西，因此，一般都使用木片或竹片，作爲我們現在的衛生紙之用。據歷史記載，早在一千八百年前的東漢時期，衛生紙便由中國傳入歐洲。西方由於衛生紙之出現，才有可能出現普及的水洗廁所。但如埃及、印尼、巴基斯坦及印度等國家，在水洗廁所內並沒有衛生紙之備置，而是於便後，以左手擦拭，再用洗手瓶洗滌污手。

沖洗式廁所剛開始配置的衛生紙，因爲用紙比較粗糙，很多第一次到美國之日本人，便將衛生紙拿來當作信紙使用。而第一次到日本的美國人，看到日本精緻的信紙卷，還以爲日本人都將衛生紙當作信紙用。

廁所的各式稱呼

在各個國家當中，廁所的名稱都不一樣。中國有茅坑、茅廁、茅房、便所、盥洗室、化粧室或洗手間等諸多稱呼；日文稱之爲「便所」，法文稱「Cabinet」，義大利文稱「Pichiria」，瑞士稱「Comody」。在英國、比利時常稱爲「Latrine」。「Latrine」意思爲簡易廁所，係指

工廠、軍營之廁所；而「Lavatory」原指學校、旅館、大飯店之洗手間，後來才轉稱爲廁所。

舊式英文的沖洗式廁所叫作「Water closet」，簡稱爲「W.C.」，此語是用水之小房間的意思。「W.C.」之用語曾普遍使用於日本、西班牙、法國、義大利等國。但在美國則使用Bathroom(洗澡的房間)或restroom(休憩的房間)，稱女用廁所爲Powder-room(撲粉、補妝的房間)。其他還有Privy(私人空間)、Poet's corner(作詩之角落)等名稱。Necessary house(必要的小房子)或Necessary也是廁所之俗稱；較低俗的則稱呼「Shit house」；鄉下之非沖洗式廁所因爲不潔，被稱爲「Back house」。今日最常見的廁所稱呼「Toilet」一字屬於法國系語言，但幾乎全歐洲及美國都使用此語。德文中的廁所稱呼同於法國的Cabinet，有些地方則將廁所外標示「Herren」(男性)及「Dame」(女性)，以示區別。

古今中外對廁所的稱呼，或因結構的改變、設施的進步、詞彙的文雅，其間用語各有不同，但在功能上作爲解決生理問題之所與提供舒展身心之處，則無二致。歐美國家認爲廁所應是舒適之處，與廁所相連的房間稱爲套房，屬於高級的住處，也是來自歐美的概念。一個社會中，包括公德心、科技水平、生活習俗、審美趣味等文明程度，在廁所裡暴露無遺。觀察英文中的廁所，其字彙代表的意義，不僅是洗手、化妝，還是休息之處。因此早期西方的電視、電影，便已出現在廁所取景的演出，這是因爲西方

已經創造出乾淨的廁所，且在其文化中，廁所並非不登大雅之堂的話題，不同於東方對廁所的避諱，由此可見到東西文化差異的標誌。

　　總之，對現代生活來說，廁所衛生更顯得重要。不潔淨的廁所，除了引起嗅覺、視覺的難受不快活，因排泄物的處理不當而引起的傳染病恐怕是影響最大的。只要良善地解決如廁問題，居家衛生則前進了一大步！

風水並非全然迷信

　　中國古代有孟母三遷；而一般人在搬家入厝時也相當注意風水方位，以現代觀點而言，所謂「孟母三遷」或「風水方位」都是為了避免不良的環境對人類的健康、精神、心理造成影響，住居環境不佳不僅容易蔓延傳染病，意外事故及青少年犯罪也會相對增加。從科學有論據的角度來分析，我認為住居環境之選擇，首先必須考量「風水地理」、「房屋構造」、「房屋的大小」三大點。

　　「風水地理」乃指住居環境位置的選擇，應盡量避免自然災害頻繁的地方，如地震帶、洪水區，或容易山崩、地層下陷、颱風多、雨量多的地區。而住居應建設在地質堅固、土壤排水良好之處，地下水面至少應比地面低1.5公尺，最好能在3公尺以上。北半球尤其是在較寒冷的地帶，房子的位置最好是坐北朝南，以便南邊吸收更多的陽

光，以減少冬天取暖費用。此外，住居位置應力求遠離鬧區或可能帶來公害的地方。

　　「房屋構造」方面，應考慮有利於換氣、通風及具備冷暖氣空調之處，而且要能注意到冬季與夏季的區別。牆壁、床、天花板等所用的建材須具防熱、防寒、防濕、隔音等效果。地面和床、屋頂和天花板之間也要兼顧到隔熱、防風雨及隔音之設計。

　　至於「房屋之大小」，則適中即可，重要的是具有適度之空地與活動空間。由於住屋的寬窄與疾病的發生成反比，因此在經濟許可下，可選擇較寬敞通風的住宅。一般房屋高度應在2.5～3.5公尺之間，而每一個人所應佔之空間體積則以100立方公尺較適當。

屋內的藝術

　　除了房屋的構造、位置的選擇需注意外，房屋內的通風、採光、防鼠、防蟲、及意外事件的預防等問題皆須列入考慮。

　　人在空氣不流通的室內會直打呵欠，而且易感覺疲勞。而新鮮的空氣不僅會提高工作效率，對身體保健更為重要。為了供給室內良好之新鮮空氣，稀釋及排除呼吸產物以及其他穢物，我們必須讓屋內「通風」。通風的方法，可分為自然通風與人工通風二種。自然通風的原動力

來自「風」，只要在建築的設計伊始做好風向、方位的規劃，風就能自然地送入屋內。人工通風即強制通風，係利用動力，如電扇、抽風機，將空氣強制吸入室內或將室內空氣強制抽出。以高下判別，自是自然通風略勝一籌。

　　陽光是生命的泉源，太陽的光能經由地球的大氣層，被空氣分子、水蒸汽、塵埃擴散及雲層的反射，照射至地球表面，構成了我們所謂的「陽光」。陽光之所以能增進生命活力，並有治病、殺菌的功能，是由紫外線、紅外線及可視線所綜合產生的。我們生活周遭的空氣、水、衣服、住屋等，經常存在各種有害、無害之細菌，若無紫外線的殺菌作用，人類可能無法安然生存。紫外線能促進代謝，也可促進紅血球之新生，故對貧血具有療效；此外，還能促進皮下脂肪產生維生素D，並使食物中之ergosterin轉變成維生素D，因此具醫療作用。而紅外線能給予生物體的皮膚熱感，使血管擴張，血流趨於旺盛。對人體而言，紅外線也能促進新陳代謝，有助於傷口的癒合。且陽光由眼睛進入，刺激自律神經系統，使其活潑，增加消化液的分泌，胃腸蠕動旺盛，食慾便會增加。溫熱帶地區若長期下雨、缺乏陽光殺菌，也易孳生蚊蠅，影響環境衛生。總之，陽光是擁有治病效用、增進活力的最佳利器。

　　台灣位於亞熱帶，氣溫高且多雨，極適合細菌、黴菌、昆蟲等的生長。為防止潮溼的狀況發生，房間、地

板下應設有通風孔；浴室、地下室、廁所、儲藏室及牆壁四角，則應安排除溼設備或予以經常通風，以保持乾燥。屋內如能改善環境衛生，便可根除病媒，帶來健康的生活。

住屋也會發生意外！

　　室內意外事件經常發生，有些根本無法預先防止，惟有藉著平日使用物品時的正確態度，並採取預防措施來減少事故的發生。近年來，在政府強力宣導下，民眾對屋內的意外發生狀況大多明瞭，但意外仍是層出不窮。我個人認為最需要注意的唯有兩項，即電線走火和一氧化碳中毒。

　　雖然是一說再說，現在仍有民眾忽略電器用品不能放置在潮溼的地方。而在購買新的電器後，應先閱讀使用說明書，各國電器之電力負荷量不一樣，國外的產品有時需要加裝轉接插頭。而冬天使用暖氣設備時，最好能設定在熟睡前自動關閉，以免睡夢中發生無法預料的後果。冬天報上常見到煤氣中毒事件，是燃燒不完全產生之一氧化碳所致。一氧化碳的中毒現象有：頭痛、疲乏、暈眩、嘔吐，須在第一時間急救，否則將導致死亡。總之，熱水器、瓦斯爐皆應設在通風良好的地方，非不得已須設在室內，使用時，應保持窗戶、通風孔空氣流通，切忌因怕冷

而將門戶緊閉。

　　美國公共衛生協會住居衛生委員會曾發表30項的健康住居基本原則，共分為四大類計30項。四大類為：滿足生理上之基本要求、滿足生活上之基本要求、預防傳染病、防止事故。茲表列如下：

滿足生理上之基本要求	1.適當之取暖方法 2.適當之日照 3.適當之排熱方法 4.適當之人工照明 5.清淨的空氣環境 6.噪音防止 7.適度之日光照射 8.成人及小孩之休閒、運動場所
滿足生活上之基本要求	1.個人之隱私權 2.正常之家庭生活 3.正常之鄰居交往 4.做家事不過度疲勞 5.維持住屋及人體清潔之設備 6.對家庭及環境美的滿足 7.調和的社區生活
預防傳染病	1.家庭安全供水 2.防止飲用水污染之設備 3.防止感染傳染病專用廁所 4.防止乳品及食物腐敗 5.防止室內感染所需之寢室空間 6.室內衛生排水設備

	7.消除髒亂
	8.昆蟲病媒管制
防止事故	1.防止房屋崩塌事故
	2.防止火災
	3.防止氣體中毒
	4.防止室內懸掛物下墜之意外
	5.防止鄰近地區車輛交通意外
	6.防止觸電、漏電之危險
	7.適當之避難設備

公害處理回顧與展望

　　台灣的環境保護制度日趨完善，回首當年從無到有的草創建設，實為今日的斐然成果感到欣慰。如今環保議題已由「公害處理」轉向「節能減碳」、「綠能發展」、「反核家園」，這是民眾整體精神意識的大進化。然而，大規模的工業發展仍帶來潛藏的公害危機，最嚴重者，即是人為過度開發問題。每個時代都有必須面對的課題，以下是我當年面對垃圾、噪音等公害問題時，所參與、採取的相關政令與措施。空氣污染、水污染、毒性廢棄物污染等處理，因已記錄在前述章節，便不再議。

從掩埋場走向焚化爐：談垃圾處理

　　1970年代以前台灣的垃圾處理，在都市主要是以掩埋的方式──因而形成著名的「垃圾山」；鄉村則以野外堆積的方式，混合人畜糞便，作為農業用堆肥。這是因為早期的垃圾當中，有一半是含大量水分的廚餘，其餘的可燃物比例不高，故不考慮以焚化處理。隨著人口大幅增長，導致國人垃圾量增加，加上掩埋土地減少，繼續採行掩埋方式來處理垃圾出現困境，誰願意自家後院有座垃圾山呢？

　　1970年我在台北市政府環境清潔處服務時，松山機場附近的掩埋場已經填滿，於是我開始倡導建立焚化爐，但不被採用。而後垃圾改填在中央研究院附近之內湖山豬窟之山谷，因招致嚴重的水源污染，台北市政府又將掩埋場轉移至內湖葫蘆州。由於垃圾山的堆積會產生沼氣，當地常常發生起火事件，因此附近居民群起抗議，我在這時重提焚化爐計畫，然而北市政府以「鉅額建設費」、「將產生空氣污染」為由大力反對，連在中央服務的環工技術人員也未能支持蓋建焚化爐。對於北市政府的顧慮，我從衛生、安全、污染各方面，提出掩埋與焚化的比較分析。以下是我的淺見。

　　當時台北市的掩埋場並無國際標準的「衛生掩埋場」規定之不透水層、滲透水等處理設備，更無廢氣處理設施，因此維持這樣掩埋場的費用雖然低廉，其背後造成的污染與風險其實相當之高，若以這樣的成本來比較掩埋與

焚化，相當地不公平，也沒有顧及國人的健康與長遠的都市發展。當時唯木柵有台灣第一座符合衛生標準之垃圾掩埋場，其建設費用與維護成本高出以往掩埋場甚多。事實上，我舉東京都海岸掩埋與市內焚化爐為立，證明其成本與維護費差距並不大。而焚化爐更擁有「不需要龐大的土地」的優點，因此可以建設在都市內，節省約50%的垃圾搬運成本。

而在空氣污染方面，自從1950年代的英國與日本相繼發生嚴重工業空氣污染，人類已經發展出「完全燃燒技術」，以杜絕煤煙與粉塵的產生。透過過濾袋與電氣集塵機，可去除粒徑1～10微米的粉塵，剩下0.1%粒徑1微米以下的粉塵，為肉眼看不見的微粒，因此民眾並看不到焚化爐的煙囪冒煙。此外，焚化爐可將「低位發熱量」(垃圾熱值減垃圾水分蒸發所需之熱量)1000kcal/kg以上的垃圾完全燃燒，產生的多餘熱能更可利用來發電。在地狹人稠的台灣，連找塊埋葬的墓地都相當困難了，要不斷開發出新的掩埋地，根本是不可能的事情。

有人說垃圾掩埋後，可以成為新生地，事實上，要構成一塊新生地，必須在衛生掩埋後，連續以滲透液加工處理十至二十年才可能完成，光是這些年的污水處理、場地維護成本，已經不便宜。也有人提出燃燒垃圾會產生戴奧辛毒氣，但只要做好垃圾分類，在進入焚化爐前先將PVC塑膠抽離出來，便可大大減少戴奧辛的產生。以上的理

念，一直到我擔任環境保護局局長期間，才獲得中央接受。我提出以焚化為主、掩埋為副的「台灣地區都市垃圾處理方策」終於在行政院會通過，並於1985年付諸施行，效果甚佳，如現今台北市的三基發電式垃圾焚化爐，處理全台北市的垃圾量尚有餘裕。

在國人逐漸接受焚化爐此一設施時，也曾經有人批評身為環保局長的我，偏向採用日本的焚化爐技術，而不採用一般認為較先進的歐美焚化爐。事實上，當年台灣的垃圾不僅含高水分廚餘，且廢紙、木片含量不高；相對的，歐美國家的垃圾不含廚餘且廢紙含量高，容易燃燒。由於台灣與日本的情況較為相似，我才會力主向日本的焚化爐看齊。

先進國家皆會徵收垃圾處理費，但如何公平地徵收這筆費用，經歷過相當一段時間討論。之前台灣將垃圾處理費併入水費，依照用水多寡徵收，其實相當地不公平。根據污染者付費原則(Polluter Pays Principle, P.P.P.)，應依照住戶每日的垃圾量來徵收費用。但這需要大量的人力，在初期討論中，因無法克服而作廢。後來我的學生沈世宏博士擔任台北市環境保護局局長時，創造「隨袋徵收」的作法，終於解決延宕多年的垃圾處理費徵收問題，我認為應該頒給他一個大勳章。沈博士目前任職於環保署，致力於全國的環境保護工作，有此後繼我甚感欣慰。

我參與的噪音管制計畫

　　1975年5月的「公害被害感」民意測驗結果顯示，有41.46%的民眾認為最嚴重的公害為噪音污染。是故，翌年起，行政院核准實施「台北市噪音管制試驗計畫」，經過試驗，確定噪音管制無法以勸導方式奏效，須以明令以法律條文。因此環保局一成立，隨即草擬《噪音管制法》，於1983年公布施行。隔年底發布施行細則，繼之於1985年2月12日訂定「噪音管制標準」。

　　當時全國共有32個二十四小時運轉的噪音測定站，其中65%以上的均能音量皆超過70分貝。戶外噪音多源自車輛發動聲、引擎聲、排氣聲，以及喇叭聲。一般道路噪音為70～80分貝，高架道路與高速公路則分別為71～79分貝與78～82分貝。為降低交通工具音量，除限制機動車輛之發動、引擎、排氣、喇叭的音量標準，同時也逐步改善道路設施，如建造隔音牆、整修路面等，並為醫院、學校、教堂等需要寧靜氛圍之場所制定管制策略。

　　桃園國際機場周圍的中小學，噪音量曾高達102分貝，每小時均能音量則是87.5分貝，因此1987年6月發布「民用航空器噪音管制辦法」，規定飛機飛航時的音量；此外，規定應延長或遷移有較大噪音影響之跑道，並建設緩衝綠地、防音林、隔音牆等；管制機場周圍土地利用，

輔助遷移住宅或收購農地；協助住家或學校裝設防音工程等。在多方的努力下，多方改善噪音問題。如今，噪音不再是嚴重的公害問題，蓋當年已經歷大規模整肅工程之故。

談「生產零污染」概念

　　1980年代後期擔任經濟部技監期間，我曾提出「工業生產零污染」之觀念，我認為時至二十一世紀的今日，此觀念仍值得推廣並努力嘗試開發。所謂「生產零污染」，就是透過無或低廢棄物生產技術，而使廢棄物的排放量減至最小，對環境的污染也降到最低。理想上，最終定可以透過生產技術的精進，而使廢棄物的排放達到零，實現「原料完全轉為產品」的結果。

　　邁向「生產零污染」的過程中，每當廢棄物變少，就等同於生產效率之提高。以燃燒煤的火力發電廠而言為例，燃燒一公斤之煤炭若應產生6000千卡熱之電力，當只產生3000千卡熱之電力時，代表有一半的煤熱量是由未燃燒完全，或由煙窗保溫設備漏失。此時，若提升燃燒技術，使之完全燃燒，或是藉由保溫設備使熱的散失減少，抑或使用熱交換機回收熱量，皆可提高產生的電力。如果多將1500千卡的熱化為電力，亦即將發電效率由50%提升至75%。因此，朝向「工業生產零污染」的企業，透過減

少污染來提高原料的使用率,可為一舉兩得。如今愈來愈多的消費者重視、支持綠能產業,有遠見的企業,應大力投資研究「零污染排放」的可能性,不論是改善製程或燃料、變更原料、開發新技術,總之,應將「削減廢棄物產量」作為終極目標,如此才能追得國際上正大聲疾呼的「綠金」。

【說明】 以原料等100為例,經過製造過程,當產生60的產品,表示有40的廢棄物;而若產生80的產品,表示僅有20的廢棄物,依此類推。

我反對核能

2011年3月11日東日本發生大地震,福島的核污染問題隨即震驚全球。我在該年7月號《月刊日本》一書中,閱讀到竹田恆泰先生的知見,深有感觸。因從事環保多年,我對於核能的使用實在無比憂心。

在美國或法國等國家,因國土廣大,具備先天上的優勢,因此在經濟的考量下並不會廢止核能發電。反觀台日兩國,國土狹小,人口眾多,一旦爆發核污染問題,只會

衍生出更多待解決的問題。所以，一直以來所仰賴的核能對我們來說，到底是什麼樣的情況，就讓我們好好地來討論一下。

核能電廠無人性

首先，核能發電廠的設立本身，即是無額外事故發生，仍必有一定人數的勞工死亡。因為電廠必須每年定期實施停機檢測，所以必須派專人進入爐室內檢查。而在進入原子爐密室後，則需要使用布來清除放射線物質。這樣的檢查方式，將使勞工曝露於高劑量放射線之下，所以一天一人最多工作30分鐘，有時候只能工作5分鐘。這樣危險的工作往往是由非專業的遊民來擔任。

根據國際放射線防護委員會(ICRP)估計，所有總被曝限量達到10,000西弗的人當中，每年有500人就死於癌症。而歐洲放射線委員會(ECRR)之估計的死亡人數則為ICRP之兩倍。日本自1970年開始運轉核能電廠，到現在為止，核能廠勞工所受到的被曝線量為3200西弗。根據ICRP標準，我們推算出可能有160人已經死於癌症。總之，可以說核能電廠是靠一定人數之勞工死於癌症來換得繼續發電，而這些人不是公司員工，而是遊民。我們應認真思考的是，遊民以生命換取大企業賺錢所仰賴的電力，這當中是否有人權不等的問題？

國土消失、每年產生廣島型原爆5萬倍的死灰

核能電廠一旦發生事故，電廠附近就永久不能做任何用途。以車諾比為例，事故20年後之今天，仍無法進入30公里半徑內的土地，而福島核能電廠的土地則為5萬年無法使用。

核能是神佛之領域，人類是不能出手的。啟動一座100萬千瓦發電量之核能電廠，一年所產生的死灰為廣島型原爆之1000倍。日本有54座核能電廠，而福島災後，4座已廢棄，但即使剩下的50座，每年仍會產生廣島型原爆5萬倍的死灰。再者，高能量放射線廢棄物要以玻璃加以固化，以不銹鋼容器覆蓋，並以一萬年單位之時間加以保管。而玻璃固化體無法保證可保管一萬年，所以必須以數十年為單位來加以檢查。這種檢查是誰來做呢？我們不能將這種債，遺留給子孫來負擔。

倘無核能，電力也足夠可用

日本在2009年的最大用電量，是在8月7日的1.59億KW(千瓦)。而電力公司之發電設備容量2.37億KW當中，水力和火力合計佔有1.89億KW。也就是說，光靠水力和火力來發電就夠用，而且尚餘0.3億KW之電力，核能電廠

的電量根本就是多餘的存在。此外，核能電廠有一個極大的缺點，那就是無法調整發電量。一旦開始發電，即持續以同樣電量發電，無法因使用狀況調整發電量多寡，也就是說，當用電量不大麼高時，也無法趁機壓低出電量以降低污染，反倒是火力或是水力發電廠可以隨時調整發電量。

核能發電成本並不便宜

　　據1998年OECD(經濟合作與發展組織)、IEA(國際能源協會)所整理世界各國之核能發電成本中，日本約略是中國、俄國的2倍(日本57.45，中國26.69，俄國26.88US mill/KWh(千瓦/小時)，1美金=1000US mill)，換算成台幣，亦即日本的電價為台幣1.7元/ KWh，中國與俄國都是台幣0.8元/ KWh。另外，1999年2月，日本綜合能源調查會原子力部會在當月，以使用年數40年、啟動率70％來作成本估算，其結果資本費為日幣2.3圓、操作維持費日幣1.9圓、燃燒費日幣1.7圓，計日幣5.9圓/ KWh。這個數字比同時期之水力發電(日幣10.9圓/ KWh)、石油火力發電(日幣11.2圓/ KWh)之一半，LNG火力發電(日幣6.5圓/ KWh)、燃煤火力發電(日幣6.2圓/ KWh)的大約93％。以上是1999年當時之核能發電成本估算。

　　2011年的福島核能廠大災害後，讓我們認識到，核能發電的成本不止於上述，還應該估算安全成本、廢廠後土

地完全不能使用之成本、發生事故後所賠償的費用,還有許多額外增加、難以估算之成本。石瀨等人所估算的核能成本尚不包括以下四項:

1. 深夜電力管理費用(日幣1.66圓/ KWh)
2. 遠距送電費用(日幣2圓/ KWh)
3. 繳給廠地之地方自治體之補償金(日幣0.34圓/ KWh)
4. 使用後燃料處理費用上,尚可能有不完善的地方需要處理之準備金(日幣1圓/ KWh)

　　以上共計日幣5圓/ KWh。加於原來計量之成本後,總數為日幣10.9圓/ KWh,接近燃油發電成本(日幣11.2圓/ KWh)。因此,我認為不需擔心廢除核能電廠將增加電費。

　　另一方面,在燃燒技術不斷進步下,未來燃油發電成本將持續減少,核能發電之成本優勢則會逐漸消失。雖然煤和石油逐漸枯竭,但更應朝向風力、太陽能的開發,取得乾淨、可持續使用之能源。我深信未來一定能克服技術,將乾淨能源的發電成本壓低,取代核能發電。總之,這是一個全球化的時代,核能的使用已經不是單一國家的問題,而是會牽動世界各國,其影響程度往往超過我們所能預料。過去對於核能的風險評估,在估算上出現了很大的漏洞,所以從各方面比較起來,核能的使用並非是最便

宜、最划算、最安全的。今後的能源使用情況，世界各國
需要重新檢討，思考對我們地球傷害最小的方式，以此為
基準，共同去追求。

鼎公與環保

　　由經濟發展所帶來之生活環境品質的惡化及疾病型態
之變化，從第一期四年經建計畫之實施中已可看出其端
倪。過去由於貧窮與髒亂，生物性疾病，例如腸胃炎、霍
亂、傷寒、肝炎、結核病等一直對人類生命形成威脅，但
由於經濟發展及醫療衛生之進步，這些傳染病已被有效控
制。反之，物理性、化學性環境因素所引起之慢性疾病，
例如癌症、腦血管疾病、心臟病等罹患率直線上升。1952
年腸胃炎、肝炎及結核病高居十大死因之前三名；而到
2000年，十大死因之前三名已由惡性腫瘤、腦血管急病
及心臟急病所替代。根據2011年資料顯示，惡性腫瘤仍是
十大死因第一名，這與工業化所帶來之「環境污染」有
密切的關係。早在距今50多年前工業興起之際，政府便
察覺到疾病型態之變遷，故自民國45年開始管制環境污
染。

　　事實上，民國45年9月，台北市已訂定「台北市生煤
管制使用辦法」來對付過去衛生行政從沒有想到之空氣污
染。其後，民國56年台灣省政府公布「台灣省環境衛生管

理規則」，做爲環境衛生管理之依據，繼之民國58年台灣
省政府因加強改進環境衛生之迫切需要，制頒「台灣省改
進環境衛生五年計畫」，並在第六項標明「管制空氣污
染」，協助改善日趨嚴重之台灣空氣品質。

台灣環保歷程簡述

　　民57年台北市成爲直轄市後，台北市政府於同年10月
30日成立台北市政府環境清潔處，專司空氣、水污染防治
及廢棄物清除處理之責，這是台灣將環境保護工作獨立於
衛生機構之開端。民國60年3月17日中央政府成立行政院
衛生署，而環境衛生處專責掌理：

　　1.有關公共設施、公共場所及食品加工廠之衛生指
　　　導及監督事項。
　　2.有關垃圾水肥等污物處理之指導及監督事項。
　　3.環境衛生、殺蟲劑之管理事項。
　　4.有關空氣污染、水污染及噪音污染等公害之研
　　　究、指導及監督事項，且由經濟部水資會水污染
　　　科掌理水污染防制事項。

　　這個時期對衛生機構來說，是從傳統之環境衛生轉型
爲新的環境衛生(公害防治)之行政時期，此後環境衛生的重

點集中在公害防治。本人很幸運在這個歷史性的時期，掌管中央環境衛生行政之重要任務，在往後15年(民國61～76年)的歲月中完成了關鍵性環保工作，如公害防治實驗研究、開創環境設計計畫、各種公害防治法律之草擬立法、環保行政組織體案之建立、環境品質監視系統之創設、環境影響評估制度之試辦、人才培訓等。

1970年代可說是環境保護發芽的年代，1972年聯合國世界衛生組織(WHO)在瑞典斯德哥爾摩召開人類環境會議，揭開了全球性環境保護之序幕，從此先進國家開始注意經濟發展所帶來之負面影響，不但已開發國家深受其害，即使開發中國家亦無法倖免。台灣在民國50年代的主要公害為燃燒生煤之空氣污染，但逐步有效控制。然而工業廢水與有毒氣體更進一步污染河川水源，影響自來水品質。行政院衛生署在這個公害漸漸明顯之時期，設立環境衛生處掌理公害防治。可說是響應社會對環境保護之關心。

民國61年本人接掌中央衛生署環境衛生處處長，幾乎90%的時間用於這種開創性公害防治業務，不過在經濟蓬勃發展之民國60年代，推動表面上度企業界不利的環保工作，非常吃力不討好。不但很難得到企業界積極回應，有時更受到政府經濟機構的軟性抗拒。在這個時候，幸運地得到中央財經首長李國鼎先生之賜教，才能有效地推動啟蒙階段的台灣環保工作。

　　推動開創性公害防治工作的困難之處，在於地方執行機構之人力、技術、設備、經費都不足，而公害問題日趨迫切，常常舊的問題尚未解決，新的問題又告產生。因此防制工作需有確定之整體計畫，並持之以恆，始克有成。爰經行政院邀請有關機關集合，一再研審協調結果，准以由衛生署、經濟部、台灣省政府及高雄市政府、高雄縣政府。共同組成專案小組，選擇公害嚴重之高雄市行政區及高雄縣工業區，自民國64年7月起至66年6月，為期22個月作先驅實驗研究，以協助解決相關問題，並建立其他地區全面推行公害防治工作之示範。我因在這專案小組中擔任執行秘書，在計畫執行過程中，首次見到了當時擔任財經及科技之政務委員李國鼎先生。

「科技教父」李國鼎先生

　　李國鼎先生歷任經濟部長、財政部長，於民國65年(1976)奉蔣經國院長指示，擔任應用科技研發小組召集人，民國68年(1979)創辦資策會，69年(1980)協助促成新竹科學園區，引領台灣產業的科技革命，被尊稱為台灣的「科技教父」。民國60年代的環保科技百花齊放，該採用何種技術才適合台灣，是政府環保機構的重要課題，因此李國鼎先生非常重視這個公害防治先驅實驗研究，屢次蒞臨小組聽取研究簡報，並參與討論。李國鼎先生很有先見

之明，他也是當時唯一懂得未來之經濟必須與環保結合，才能獲得永續發展的財政首長。初次與他見面時，我還挺害怕講錯話捱罵，經過幾次接觸，發現他是一位很有學識、修養，又仁慈的長者。他在聽取實驗研究報告時，一下子就進入狀況，立即指出問題所在並給予意見，足見其博學多才。

公害防治先驅計畫於民國66年10月執行完畢，接著提出「高雄地區公害防治計畫」，包括空氣污染、水污染防治、工業廢棄物處理與處置之規劃，作為高雄地區公害防治工作之調查、規劃、執行之最好範例。先驅計畫結束後，因環保問題複雜化，我和李國鼎先生的接觸機會又增加了。

我很感激李國鼎先生在歷次的科技顧問會議中，將我們工作同仁提出的環境議題列入討論主題，在獲得重要結論後又能有所實施，這對台灣環保有莫大貢獻。這些結論包括：環境病蟲害防治、垃圾焚化、能源對環境之影響、非農藥之病蟲害防治、農藥管制、汽電共生、化學工廠災變的應變計畫、無鉛汽油、工業污染控制、二行程機車管制、清潔的汽車燃料、工業減廢、河川及沿海之污染防治、廢棄物掩埋污染之監測、畜牧業污染管制、保護森林、國內焚化場興建本土化、能源節約技術、參與全球氣候變遷研究、永續發展、國際環保合作、資源回收與再生化、野生動植物保護、空氣污染防制費之運用、地層下陷防治、發展電動汽、機車，以及低污染農作技術等項目。

上述重要議題的先後推動執行，可在其中見到台灣環保問題之變遷。

建立環保組織與環境影響評估

　　李國鼎先生對中央環保行政組織體系之建立，也有很大的貢獻。美、日等先進國家之中央環保機構，都是從衛生行政機構分離出來，成為獨立之環保機構。台灣也一樣，先由行政院通過「加強台灣地區環境保護方案」，而依據此方案，於民國71年1月29日，由行政院衛生署「環境衛生處」改組成立行政院衛生署「環境保護局」。其後該局在李國鼎先生提示下，草擬了「台灣地區環境保護政策綱領」，並訂定「環境保護與經濟發展兼籌並顧」之政策，為推動此政策，於民國76年8月22日將原行政院衛生署「環境保護局」改制擴編，升格為行政院「環境保護署」。如此環保行政組織體系之變遷，其推動軸心就是李國鼎先生。針對「加強台灣地區環境保護方案」以及「行政院衛生署環境保護局組織條例」之草案，李國鼎先生都熱心仔細地加以審閱，有時晚上也打電話來關心詢問。本人在草擬「行政院環境保護署組織條例」草案時，也屢次向李先生請教。當時最大的討論點，是環保署的職責究竟是定位於公害防治(狹義環保)？或者包括自然保護之廣義環保？前者為美國之環保署模式，而後者為日本之環境

廳模式。後考慮到，要將原分散在其他機關(內政部、農委會、交通部、文建會等)之相關環保單位予以統合，中央雖然可以做到，但未來要在地方執行恐有困難，最後決定採美國模式。

　　李國鼎先生的另一個貢獻是環境影響評估制度的開創。1970年代，環境影響評估是當時世界潮流，它不僅擴大了科技與行政大整合的成果，更發揮了環境管理的整體性，確保開發計畫與環境保護的目標一致，使指定區域內的污染防治、天然資源含環境發展計畫不相矛盾。民國67年1月在行政院舉辦第一次科技會議，環境污染防治組建議「政府應早日推動環境影響評估制度，以預防新污染的產生」。隔年5月行政院第1631次院會通過科技發展方案，其中規定「衛生署主辦，有關單位會辦建立環境影響評估制度」，並初步擬定實施方針。繼之，在民國69年4月11日，李國鼎先生親自主持「推動建立環境影響評估制度執行計畫協商會議」。

　　民70年4月，「推動建立環境影響評估制度」列入第三次第一梯次科技顧問會議之「衛生與環境組」討論主題，並獲得如下結論：「北部地區環境影響評估兩年計畫，可作為跨科際研究環境影響評估之先例，作地區環境評估(包括林口電廠、國際機場、港口設施)之典範。」因此，行政院衛生署擬定「大園工業區環境影響評估示範計畫」並予實施。

　　民國71年2月，行政院第二次全國科技會議的第七中

心議題，提出討論「如何有效推行環境影響評估」。另一方面，行政院衛生署環境保護局在大園示範計畫的執行中獲取經驗，以此建立了評估執行模式，確立了評定作業準則，並於民國72年7月草擬「環境影響評估法」草案報院。該草案遭到經濟單位之反對，故行政院在第1854次院會指示「評估法以方案重新報院」。由此，行政院衛生署召集各機關研商後，於民國73年9月擬定「加強推動環境影響評估方案」報院核准。該方案經由李國鼎先生審查修正後，自民國74年開始實施。李國鼎先生在開創與推動此制度上，盡了很大的力，如果沒有他，我國環境影響評估制度之開創，起碼會延遲五年出現。

　　李國鼎先生是我的恩人，我升任行政院衛生署環境保護局局長亦是承蒙他的提拔。我在行政院衛生署環境衛生處，以及就任環保局長期間，多虧李國鼎先生有效執行公害防治先驅計畫，並建立環保科技對策、環保行政組織體系，開創環境影響評估制度，總之，在在受到他所給予行政上、科技政策上的支援與指導。我國環保水準能在短時間內接近於先進國家之水準，都是李先生的偉大功勞。我以感恩的心，記述本文來表達我的謝忱。

註：本章改寫自《李國鼎先生紀念文集》P.624～630之原文，原文由李國鼎先生紀念活動推動小組編輯，2002年12月25日出版。

第五部

一路上的「仲間」

採訪：張欣宇

註：「仲間(なかま)」在日文為夥伴之意。

夫婦航路
——專訪張宜君女士

我出生於商人世家，祖父很會做生意，曾做過人蔘、珠寶等進出口貿易。祖母不鼓勵兒子參與政治，因此，身為獨生子父親張教源，公學校畢業後進入台灣商工學校商業科，後來在日本商工經濟會服務，處理對外貿易事業。我父親是一個正直的人，做生意絕不貪人小便宜，加上日治時代貪污抓得緊，當時的台灣人哪裡懂什麼叫「揩油水」？但是1945年後一切都不同了。戰爭結束後，父親轉到物資局(現今的經濟部貿易局)任職。有一次，要出口的鳳梨罐頭當中，有一批因為有瑕疵必須廢棄，但卻被不肖同事以低廉的價格轉賣，大賺一筆。後來被發現，這些人便誣告父親私吞這批瑕疵鳳梨罐頭。搞什麼鬼？做賊的喊抓賊！我父親決意要離開，但上級長官剛到台灣，很多地方需要借助他的能力，所以只將他記過一次，希望他留下來。但最後他仍選擇離開，從事西藥買賣。這件事情讓年幼的我印象深刻，當時我們對這些道德水準不高的人，都怒斥為「支那人」！當然，那是過去的事了！

我的母親姓魏名葉，是富農的二女兒，家裡位於現在天母那邊。母親的大姊嫁給一位門當戶對的有錢少爺，但有錢人家的子弟吃不了苦，婚後過得不幸福，因此外公決

定第二個女兒一定要嫁給有學歷、會讀書的人。母親士林國小畢業後，也沒有再升學，在適婚年齡就與當時算是學歷很高的父親結婚。

兒時記憶

我在家中六個子女中排行第二。小時候最快樂的事莫過於過年了，有一次，在三井株式會社上班的爸爸領了過年禮券，帶我和姊姊去買新的和服。開學後我高興地穿著和服去上學，贏來同學讚羨的眼光，讓我相當得意。不過回家碰巧遇到下雨，地上泥濘不堪，木屐髒掉了，我蹲在水溝旁洗滌，結果一隻木屐不小心被水沖走。回家後哭著向媽媽說這件事，媽媽只嘆了一口氣說：「回來再洗不就得了！」但我小小的心靈只知道，自己一刻都捨不得讓木屐變髒。那樣愛惜物力的心，很美很單純，長大以後就再也感受不到了！

我生長在戰爭的時代，物資缺乏，吃的東西也不足。在戰事最吃緊的時候，一切物資都要上繳，於是每個星期，家裡都會偷藏一些糖，再私下拿到表哥家換取米。這在當時是違法的，所以我們必須利用傍晚警力最鬆散的時候「偷渡」。從我家到表哥家會經過警察局，相當驚險。一開始這個工作都是由家裡的長工擔任，不過有一次，長工經過警察局，看到警察在伸懶腰，以為警察知道他在

「偷渡米」而招手叫他過去，嚇得魂飛魄散，乾脆自己走到警察面前不打自招，坦承下次再也不敢，好在長工不會講日文，警察根本聽不懂，只把他趕回家。回到家後，他向父親報告此事，父親深深思考後，決定派我和弟弟兩個不起眼的小孩來做這件「大事」。當時我小學五年級，弟弟才三年級，兩個矮小瘦弱的小孩卻要背負18公斤的米，不過這攸關家中民生大計，我和弟弟慎重地承接這個使命。記得有一個冬天，天暗得快，在表哥家吃完晚餐已經天黑，我和弟弟在夜色中拼命趕路。自從長工差點在警察面前「出包」後，我們不敢再經過警察局，而選擇比較偏僻的小徑，還要走一段鐵軌路。由於視線實在差，不小心迷路了。我們一路問路，在暗夜中繞來繞去，還經由好心人的指引乘坐渡輪，這段經驗實在驚險，至今還會出現在我的惡夢中。這一切都是因為戰爭而來的，我真的非常厭惡戰爭。

　　小學校畢業後，考上台北第三高等女學校(現在的中山女高)。當時，第一、第二高等女學校是給日本人讀的，台灣人僅有極少數進得去，大概少於全校的百分之二。而第三高等女學校則為台灣女學生的第一志願，可以說是女孩子「登龍門」之路。終戰後，日本人紛紛返國，第一女高頓時成為空城，接任的校長便招一些私立學校、補校或考不上第三女高的學生入學，所以我們都戲稱第一女高為「雜貨店」。之後第一高等女學校改名北一女，成為台灣

最好的學校;第二女高則廢棄,舊址為現在的立法院。第
三高等女學校先改名為二女中,之後再改為中山女高,成
為台北女校第二志願。照理說,第三女高應該是台灣女學
生的第一志願,卻因為名稱的關係排序次於「北一女」,
有些畢業生相當不滿,提出抗議,但是並沒有被重視,現
在這段歷史已經被淡忘。

在出納櫃台邂逅

　　日治時代的女子高等學校只要讀四年就可以畢業(男子
中等學校要讀五年),終戰後改制為初中三年、高中三年,加
起來是六年,比原先多了兩年。戰後生活依然清苦,社
會上普遍覺得以前讀四年已經足夠,為何要多花兩年的
學費?加上戰後老師的素質良莠不齊,有些老師因為口
音太重,根本無從聽懂他在上什麼,因此,我讀到新制
的「高一」時,大家紛紛有「逃走」出去工作的念頭。
在同學的鼓勵下,高二那年我便放棄學業,到國小去當
老師。慫恿我「溜出來」工作的好朋友黃素惠,則在北
市商擔任出納。每當到了發薪水時,素惠都會找我去幫
忙。那時候我先生是台灣大學三年級學生,在北市商兼課
教化學,因此每個月發薪水時我們都會見面。我和素惠看
到這麼年輕的一位教師,總是鬧著他請客。第一次,他將
薪水袋內的零錢全數倒出來,請我們吃糖果,我們還笑他

小氣。後來才知道先生要負擔妹妹的學費，其實手頭也很吃緊。我當時很想再進修英文，便請先生擔任我的英文家教，他直接拒絕我，卻請我去看電影，我們就這樣熟稔起來。

　　奶奶知道我交了男朋友，便要我帶回家中給他「鑑定」。我從小就對奶奶很尊敬，她是一位有智慧的女性。記得有一次回家作業是畫日本的國旗，當時沒有圓規，中間那顆太陽我怎麼畫都不圓，奶奶知道後，便拿了一個圓形茶杯放在圖畫紙上，教我沿著邊描線，結果隔天我得了最高分。還有一次，老師要我們做一個放置水壺的提袋，也是奶奶手巧，教我用一種「鹹草」編織出來，讓我得到「甲上」的分數。奶奶非常看重讀書人，聽說先生就讀台大，一見面就先考他一題數學，先生因為很順利地回答，奶奶樂得心花怒放，肯定我們的交往。但爸爸那關就比較難過了。先生特地找了化工系同學孫如楗先生一起去拜訪父親，不知道是因為先生人太老實，還是戰後大家苦日子過多了，希望女兒嫁給有錢人。總之，對於沒有心機、又是窮學生的先生，爸爸將他數落一頓，連帶孫先生也受到波及。離開我家後，孫先生苦心相勸，勸先生台灣好女人很多，千萬不要娶我。不過我和先生相知相惜，我們都來自一個父母親常常爭吵的家庭，因此我們決定未來的家庭氣氛一定要溫暖又和諧，因為有共同的目標，我們在民國39年1月15日踏入禮堂。

艱辛的新婚生活

婚後我們住在板橋，生活很苦，但精神上非常快活。先生沒有什麼財務觀念，一領到薪水就帶我去看電影。我們常常在晚上去看電影，看完已經十點，要趕最後一班火車。每次時間都非常緊張，我們衝到月台後，已經來不及走天橋至月台，先生總是拉著我的手直接穿越鐵軌，真的很驚險，但那時年輕不怕事，成功穿越後，我們便一起在月台上喘著氣大笑，真是美好的回憶。不過這樣頻繁地看電影下來，一個月才過20天，薪水便用罄。這個時候，先生就會去賣書。終戰後二手書店很發達，台北後火車站有一位經手舊書的老伯，因為買、賣舊書，竟賺到了一棟大樓，由此可見。

後來先生因為工作關係常常需要出差，一去就是一、兩個月，我便一個人在家裡帶小孩。每當先生不在，鄰居就會欺負我，說自來水水壓不穩，不讓我洗衣服。我只能在半夜兩點大家就寢的時刻，爬起來洗衣服。背著孩子在半夜洗衣時的日子，我總是邊哼著歌苦中作樂。先生常跟我開玩笑，說我因為常常「洗衣練歌」，所以歌喉很好，我只是苦笑。

在日本的烹調趣事

民國47年，先生赴日本京都大學進修，第三年我也前往日本京都。我只有學過七年日文，但因為小時候在父親長官家裡住過三個月，因此日文還算流利，所以先生在學校進修時，我可以自己去市場買菜，並與左鄰右舍交遊。我去市場買日本人不要的大骨，回來燉大骨湯，隔壁的太太看我每次都帶很多骨頭回家，問我到底養了幾隻狗？我跟他說骨頭是拿來燉湯的，他露出不可置信的表情，於是我邀請她到家裡嚐嚐台灣菜。她一吃，大為驚嘆，直呼好吃。隔天開始，他每天都說要來吃台灣菜，附近很多太太

2000夫妻同發表歌謠

也爭先恐後到我家學做台灣菜。京都人都自己種菜，有一位鄰居為了感謝我教他做菜，邀請我去他家拔有機蔬菜。我看他們都把最嫩的菜心留著不拔、當作肥料，覺得很可惜，便折了一些回家醃製，日本鄰居一開始很害怕這道「醃製菜心」，結果一吃驚為天人。總之，當時因為「台灣菜」讓我交了很多朋友，算是一種國民外交吧！

無悔的夫婦航路

跟我先生一路走來已經一甲子，我們真的很幸福。先生因為老實，常常吃虧，但我們很有福氣，也受到保佑，我覺得擁有一個信仰是非常重要的。二十年前，他寫了一首歌詞「夫婦航路」，我們找了一位日本音樂人譜曲，還拍成MV。如同歌詞內容，因為兩人互相扶持包容，擁有共同的夢想，我們的人生旅途處處盛開著爛漫的花朵，這是我們永久的夫婦航路！

改變我一生的莊局長
── 專訪沈世宏

問：請問您與莊進源博士第一次邂逅是何時？第一次的合
　　作是藉由哪個機緣？

答：我在台大讀碩士班時，莊博士在系上兼課，教公害防
　　治。我擔任過他的助教，帶他的學生。當時的莊博士
　　也是行政院衛生署環境衛生處處長，負責國家公害防
　　治的計畫。鑑於各地公害防治都做得不好，他提出了
　　「台灣地區公害防治先驅計畫」，成立專案小組，預
　　計在工業最發達的高雄地區，展開調查。這一年是民
　　國64年，我正好碩士班畢業，莊博士對我說，行政院
　　即將通過一個計畫，現正在招兵買馬，能夠為台灣環
　　境保護盡一分力，是相當有意義的事情。由於一直都
　　受到博士的啟發，我也就答應了。但在我畢業時計畫
　　尚未底定，因此我先進入清埔的遠東化纖工廠服務，
　　做了三個月，每天都在轟隆作響的大型機器旁工作，
　　我對那樣吵雜的工作環境不大適應。後來計畫通過
　　了，在莊博士熱情邀約下，我便在該計畫的三個小組
　　下，擔任空氣污染防制組的組長(另外兩組負責水污染、
　　廢棄物污染)，進行了兩年的研究。

問：在這個工作中是否有令您印象深刻的小故事？

答：參與「公害防治先驅計畫」後，莊處長要我們自己去
　　規劃，先瞭解整個環境污染的現象、來源與分布的情
　　況，然後再研究管制的對策。我們那組以「燃燒含硫
　　化物造成的二氧化硫與污染」為主軸，以可執行的方
　　式，進行全面性的調查。我們將硫氧化鉛做成鉛燭
　　盒，放進透氣又能固定的百葉箱裡，然後掛在電線桿
　　上。每個月將取下的燭芯便拿去測試反應，看裡面有
　　多少污染物。每平方公里設一個站，我們在高雄市區
　　就設了一百多個站，每個月我們組十幾位同仁便騎著
　　摩托車四處出勤。換燭芯必須爬到電線桿上，因此我
　　們像架設電線的工人一樣練就一身好功夫，繫上S腰
　　帶、拿著鐵棒插在電線桿上，一階一階地往上爬，爬
　　到上面再用S腰帶固定，驚險萬分地替換測試硫氧化
　　物含量的燭芯，真是非常刺激的工作。結束後我們繼
　　續前往每一個有煙囪的地方，調查它排放多少廢氣量
　　出來，回去再模擬計算，取出結果作比較與分析，根
　　據數值擬定計畫，看要如何來控制或杜絕這個污染。
　　這兩年就是進行這樣空氣污染管制的調查與規劃。

問：您是如何進入環保局的？

答：民國66年「高雄地區公害防治先驅計畫」結束後，我
　　就回學校繼續念博士班。(民國71年)博士班畢業後，正
　　好環保局成立，莊老師擔任局長，力邀我進入環保局
　　負責空氣污染小組。我當時也有機會留在學校擔任副

教授，到底要當副教授還是公務員呢？老實說心情挺
掙扎的。但是莊博士一直鼓勵我要奉獻所學，說得讓
我決定「好吧！就窮盡我的能力把台灣的空氣污染治
好吧！」

問：您在環保局當中，與莊博士一起參與過最大的一場環
　　保革命為何？

答：從我做環保到現在，最有成就感的，就是和莊局長一
　　起奮鬥的那段期間。當時台灣對公務員的評價普遍不
　　高，但我們決心要做個「不一樣的公務員」，因此很
　　堅持去貫徹每一個計畫、嚴正地執行法案。三十年
　　前的空氣污染相當可怕，公車一開過去整個都是黑
　　煙，鋼鐵廠更是飛塵滿天，在那樣的情況下，我們
　　立志「改善環境」的使命感熊熊燃燒。在所有業務
　　中，最令我印象深刻的，是去跟工廠談判。從中央
　　到地方，針對不合乎低污染規格的廠商，我們會開
　　單給他們限時改善，期限內做不到的廠商，便勒令
　　停工。莊局長非常有魄力，在他的領導下，即便是
　　達官顯要來關說「可否不要停工」？我們依然堅持
　　公平施法，一視同仁，絕無差別待遇。雖然說我們
　　非常強硬地執法，但一定會事先協商、溝通，並給
　　予充裕的時間定期改善。那時民眾的環保意識也愈
　　來愈高了，大多數廠商都願意配合，我們更受到了
　　媒體與社會的支持。

另外，對於車輛排放廢氣的管控，如汽車、柴油車，我們都是比照國際的標準，再與業者協商議定，然後嚴格執行遵守。摩托車比較特別，我們根據台灣的狀況，研擬出一個標準，現在這套標準是世界上最嚴格的。當時公車的黑煙最是嚴重，業者因爲要賺錢什麼都不管，因此我們訂定一套目測的標準，鼓勵民眾寄明信片來檢舉。每個月我們都做一個統計，看哪部車、哪家公司排煙最多。第一次在報紙上公開結果，聯合報斗大標題寫著「中華路是黑街」、「公車是烏賊」，以後環保局每個月公布「烏賊排行榜」，引起民眾廣泛地重視。公車業者在這樣的壓力下，紛紛重視起排放黑煙的問題。能夠這麼成功，要感謝莊局長非常支持我們去規劃，而在執行時，他更爲我們阻擋外來的壓力。當然，莊局長也受到當時的衛生署署長許子秋的力挺。

問：莊博士在您的環保生涯或人生中，最大的影響是什麼？

答：要說莊博士對我有什麼影響？他改變了我的人生規劃！一般來說，學化工的是要從事研發、製造、是要去賺錢的，原來要成爲污染源製造者的我，在莊局長的「感召」下，走上了反污染的路子，既然放棄了賺錢，我就好好爲公益付出吧！就這樣，我將一生獻給了台灣的環境保護。

問：今天您在環保署任職，有哪些政策或精神是承繼自莊
　　博士的努力？

答：莊局長是非常開放的。當年環保局和媒體的互動非常
　　好，環保局正氣凜然地執行政策，媒體也很有使命感
　　地揭露第一手新聞，記者甚至常常直接進我們辦公室
　　翻看公文，開放到這種程度。後來環保署成立，新的
　　署長對媒體的來去自如相當吃驚，開始限制他們在署
　　內的活動，記者因此還以「環保署裝上了毛玻璃」大
　　作文章。不過這也反映莊局長的作風相當地透明化。
　　環保署一直到現在，在各部會當中仍然算是政策最透
　　明化、最公開的。我們認為資訊要公開，才會吸引民
　　眾來注意、關心，一般來說企業獨攬大多數的資源，
　　因此，在對抗污染時，要與民眾站在同一陣線，政策
　　的推行才會收到成效。以前莊局長的時代，如果有民
　　意代表來關說，第二天報紙就會登很大「某某民代關
　　說」。總之，資訊公開、透明化是莊局長留下來相當
　　棒的一個精神。

問：您認為莊博士對台灣的環境保護有什麼影響？

答：我們學化學工程的，一般來說從事的是生產業，負責
　　提供產品，「生產」從過去到現在都是一個污染的產
　　業，但是讓污染的副作用降到最低，正面的效益達到
　　最大，甚至到零污染，這在過去是一直被忽略的事
　　情。從莊博士開始，他將國外過去慘痛的污染經驗轉

到國內，以政府的力量統合資源、制定法律、執行政令，給予台灣人民一個新的努力方向，因此，說莊博士是台灣環保的先驅，一點都不爲過。

註：沈世宏現任行政院環保署署長。

我眼中的莊進源博士
——專訪陳永仁

問：請問您與莊進源博士的關係？

答：民國66～67年，我大三、大四時，莊博士來台大公共
衛生學系開「公害防治」、「污水處理」、「垃圾處
理」等課，我修過他3門課。當時他也在台大環工所
開課，我也去旁聽。大學畢業、服完兵役後，我考上
公費留學，便找莊博士寫推薦信，他將我推薦到美
國哥倫比亞大學，在公共衛生學院攻讀「環境毒物
學」。回國後我成為他的下屬，在他的指導下工作、
寫書、擬法令，獲得各方面的栽培。

問：您印象中的莊博士是一個怎麼樣的人？

答：莊博士是一個非常有學問、喜歡親近屬下、又極力培
育後進的人。當年的衛生署環保局在他的領導下，士
氣非常高昂。他的日文尤其好，日本學者來局演講，
他可以現場口譯。博士也非常喜歡寫文章，當年他帶
著我們整個團隊一起出書，將環保的理念帶入校園和
社會，在環境的教育和宣導方面，真的是沒話說。

問：請問您印象中莊博士對環保最大的貢獻為何？

答：台灣的環境保護起步很晚，卻成果斐然，莊博士功不
可沒。莊博士的一生可以說是貢獻給台灣的環境保

護。我舉幾個自己印象比較深刻的例子：

(1) **空氣污染防制**：莊博士對空氣污染非常專精，現在空氣污染的技術，從採樣、鑑定、防制，在博士離開環保局之前就已經大致完備。由於台灣承繼許多日本轉移的工業，因此在日本發生的空氣污染問題，也同樣會在台灣發生。因此莊博士邀請許多日本的專家來台演講，透過中日技術交流協會，在台建立空氣污染防制的技術。莊博士常在演講及課堂中常講一個笑話。你從高雄坐火車到台北，眼睛不需要睜開，離開高雄站不到幾分鐘，你就會聞到一股臭味，這就是中油的楠梓煉油廠；然後你迷迷糊糊睡著了，到了彰化，你又被一股臭味薰起來，那是台灣化學纖維廠的臭味；然後你再次睡著，最後聞到一股臭味時，那就代表你到淡水河了，台北快到了！但是因為莊博士在空氣污染及水污染方面下的功夫，又經持續多位首長、同仁努力這些現象現在改善了很多。

(2) **廢五金進口管制**：莊博士擔任衛生署環境處處長時，便對「健康」方面的議題相當重視。隨後於民國71年衛生署環保局成立，民國71年至75年，台灣的工業蓬勃發展，資源回收業也相當發達，其中的「廢五金提煉」，因為利潤高，很多人在

做。當時回收技術不好，提煉方式都是用「燒」的。這類回收業大部分在中南部，尤其是台南的二仁溪一帶，因爲很早以前附近有與美國空軍有關的基地，美軍離開時遺留下來許多廢金屬，燒完了，回收業者又從美國、日本進口許多廢電視、電線、電纜。莊局長找來美國、加拿大專家前來，專家認爲這燃燒廢棄電纜一定會燒出「戴奧辛(Dioxins)」。加拿大環工博士勞長春特地採樣帶回加拿大實驗室分析，報告顯示燃燒後的確會產生高濃度戴奧辛。因此如此，台灣才開始展開限制廢五金的進口。但提煉廢五金的利潤實在太高，此舉遭到許多人反對，莊博士遂在環保局成立專案小組實驗室，以便隨時採樣、檢驗燃燒會產生毒氣的物質。最後分類出電容器、變壓器等含有多氯聯苯，以及各種燃燒易致污染物之物品不能進口。廢五金的進口經歷了許多年才完全革除，莊博士是推動此政策的第一人。

(3) **制定、通過毒物管制法**：廢五金進口可以禁止，但一般化學物品屬於自由買賣，很難管理。1983年印度發生波帕爾中毒事件，在波帕爾有一間農藥工廠，因爲毒性氣體外洩，造成幾千名印度人死亡，眼睛失明的則有幾萬人。當時莊博士便要我們立即擬定「毒性化學物質管制法」，在博士

的積極推進下，1986年這個法令就通過了，從草擬到通過只花3年，是相當迅速的。因此現在台灣的化學毒物管制，是莊博士一手推出的。在美國的毒物管制是全面性的，所有新化學物質都必須接受試驗與管理，日本則是指定部分劇毒物來管理。由於美國的作法成本過高，當時莊博士採用日本的方法，但美國一旦有新的毒物納入管制，較能保障環境安全，隨後我們也在技術上立即跟進。為了取得美國檢測出最新毒物的資訊，1980年代，莊博士指派我到美國，並找了一位橡樹嶺國家實驗室的盧博榮博士陪同，幫我接洽國會圖書館，要求進入毒物資料庫複製檔案。在盧博士協助下，1985年我們與美國國會圖書館簽約，得以「免費」轉錄磁碟片，只需付轉錄的電話費。國會圖書館中的「美國毒物試驗計畫」也每年寄一本研究摘要到環保局，讓我們能掌握要美國最新的研究成果。

(4) **垃圾處理**：民國70年代台灣經濟起飛，所謂的垃圾大戰也開始。當時的台灣地區每人每天垃圾製造量將近1公斤，比現在的0.5公斤多一倍。有這麼多垃圾要處理，當時的焚化爐卻沒有先進的空氣污染防制設施。莊博士在民國76年離開環保局，民國81年第一座「無煙」、「無臭」的焚化

爐才完成，可見當時做垃圾處理有多辛苦。莊博
士同時也推動垃圾減量、回收，並推動都市垃圾
處理計畫，在台灣各地建造符合標準的垃圾掩埋
場。

問：莊博士對您最大的影響為何？

答：我從兩個角度來說博士對我的影響。

(1)第一不僅是對我，可以說是對整個台大公共衛生
系的影響。台大公衛系成立於民國61年，民國63
年時台大公衛系並沒有專門研究環境工程的師
資，兩位老師都是從藥學系轉來的，不像莊博士
有化學工程的背景。莊博士是台大公衛系第一批
的環工教授，對公衛系的學生影響很大。

(2)第二就是服完兵役後，博士推薦我前往哥倫比亞
大學攻讀環境毒物學。當時我雖然申請上四間學
校，但是對各校的特色也不明白。如果沒有博士
的介紹，我可能就會去學習「勞工衛生」或「水
方面的處理」，不會接觸到環境毒物這個領域。
民國69年去美國，71年及75年二次回國都在莊博
士底下工作，從事環境毒物管理方面的工作。所
以莊博士對我的專業、就業方面的影響甚大。

問：請問您對莊師母的印象？

答：工作以後，常常有機會送「隔天就要」的報告到博士
(老闆)家，但博士大多不在家，總是由師母應門，將

報告收去。打電話回報工作狀況時，也常是師母接聽。師母眞的是個非常顧家，而且也對我們這些後輩很好，令我相當敬佩。

問：請簡短敘述莊博士這一號人物！

答：我從未見過莊博士生氣，只能用「笑口常開」四個字形容他！此外，博士堪爲台灣環保的第一人，說他是台灣環保先驅，當之無愧。

註：陳永仁現任台北市政府秘書長。

那些年我們跟隨的莊局長
—— 專訪孫岩章

　　遠在民國七十一年的一月二十九日，全台灣的人都在看：台灣第一個代表政府真的重視「環境保護」的單位成立了。它就叫「行政院衛生署環境保護局」，而首任局長正是我在台灣大學曾經修過他的「空氣污染學」課程的「前衛生署環境衛生處處長」莊進源先生。因緣際會，我在該年拿到博士學位後，以「技術人員任用條例」之優選條件進入該局服務，莊進源局長也從「我個人環保學啟蒙者、老師、教授、我最敬仰的環保巨人」，變成我等一百位「第一批環保公僕」朝日相處的「局長、大家長」。

　　而談到「那些年我們一起追隨的」莊進源局長，是已過三十年後的今天，是我與莊局長相知相惜三十年後，在他寫回憶錄的民國一〇〇年十二月，而我身為他開辦全國第一環保團體「中華民國環境保護學會」之後繼、現任掌門人，自然思潮洶湧，願意把我全心及滿腦的內容都輸出、列印出來，共同參與、彙編這發生在台灣、萬分美好的「環保巨人回憶大作」—— 姑且讓我這麼稱呼之。

天幸進入環保局！

如今我仍非常懷念那總共五年多「衛生署環保局」時代的歲月，因為迄今在環保單位或許多政府重要部門的VIP，仍有一大半曾經是那時期我們的同事。例如跟隨馬英九歷經台北市環保局局長、再現任行政院環保署署長多年的沈世宏兄，那些年也和我一樣追隨著莊局長。而今台北市府的秘書長陳永仁、副秘書長倪世標、曾任環保署副署長多年的林達雄、任環保署主任秘書N年(數不清)的林有週、曾任環保署處長或所長多年的鄭顯榮、王碧、蕭慧娟、何舜琴、袁紹英、曾任環保署副處長多年的黃光輝、方淑慧、王正雄、曾任台灣省第一任環保局局長的呂世宗、曾任及現任縣市環保局長的張見聰、蔣萬福、王茂松、劉邦裕、巫健次、張皇珍、多位後來轉任大學教授的王俊秀、張穗蘋、華梅英等等，那些年也都曾胼手胝足，共同在莊局長的領導下，為台灣的環保，立下汗馬功勞。

記得因為我在民國六十九年首先在國科會的《科學發展月刊》投稿、發表「台灣地區的酸雨」，被中國時報記者挖到獨家新聞，在該報三版頭條見報。也因此在我民國七十一年七月取得博士學位之後，當時我立即自我推薦，希望能跟隨莊進源局長，共同為我一生最嚮往、最熱愛的「環保、生態」研究與建設工作奉獻畢生之心力時，就能

在「不用介紹信」的優遇條件下，進入該年剛成立之「全國第一環保局」服務。而那時環保局第一組組長林達雄，也在第一時間就希望我能加入該組之團隊，成為該組的三位科長之一(另兩位即是上段提到的黃光輝副處長及王俊秀教授)。所以我多年來，都一直說莊局長及林達雄組長對我有那麼重要的知遇、提攜之恩，也是我三十年來一直非常敬佩、感念的長者、環保巨人。

身為第一批「百人環保公僕」之一

　　而在我第一次踏入位於敦化北路201號後棟十樓的「全國第一環保局」時，我立刻發現辦公室的「室內整潔及環保」是一流的、台灣第一的，幾乎可謂「一塵不染」的桌椅、牆壁及地板，都讓我這位從小成長於「建設十分落後」農村的小孩大開「極緻潔淨」之眼界。我摸著「潔淨、明亮」的辦公桌面、使用著「藍、白、綠」三色代表空氣、水、土壤都潔淨的公文夾、走在打蠟、發亮的地板，我感動了，心中漣漪不斷：以我這原學「植物病蟲害」、毫不起眼之窮學生，居然能讓我有機會貢獻於「國家環境保護之大業」。「是以當不負國家之此一重託！」也因此，打從第一日起，每日都想著：「從今起，當竭盡心力，為國家推進環保之巨輪，希望國家的環境因此獲得精進」──這便是我當年在第一局工作的最高座右銘。而

從那年起的三十年，我仍在執行這一個最高的人生座右銘。三十年不曾間斷過，其中剛開始的五年多，當然是和莊局長、林達雄組長、呂世宗副局長、沈世宏二組組長、林有週主秘、陳榮川三組組長等共同在「亦爭亦友、亦吵亦和」的氛圍中，完成與度過的。

　　最讓人懷念與感念的是，那些年我們約一百位「第一批環保公僕」都是技術專業出身，幾乎沒有像今天那麼政治氣息的「官架子」或「藍綠色彩」，所以大家都能秉持著「科學至上」、「科技第一」的無私、公益心懷，日日夜夜都在想著：怎麼樣可以讓國家的每一寸土地都乾淨起來？讓每一區域的空氣都比過去清新，讓每一條河川的水都比過去碧綠？

貢獻空氣污染研究專長

　　我記得入局後第二年，莊局長就開始器重我，讓我調任原由林達雄組長兼任之「南區環境保護監視中心主任」，此又進一步讓我更覺得：「國家很需要我，我也該為國家奉獻更多的心與力。」而從此三年二個月我就全心負責起跨越高雄縣與高雄市各類污染防治及其他環保的重要工作。我住於該中心之宿舍，甚至於晚上都待命，如有重要之「突發、氣體外漏」，值班人員會叫我一齊到現場會勘、開單、立即善後。

　　又在民國七十三年十二月印度發生異氰酸甲酯外瀉、導致2500人死亡、十萬人受傷之全球最嚴重污染傷亡案例之後，國家也感事態嚴重。記得當時的蔣經國總統立刻要求「警備總部」參與「緊急工業污染防治調查計畫」，就由「警備總部」帶頭，邀請負責污染與工安的兩單位，對全國可能暴發類似傷亡之工業進行預防性之普查、督導及未雨綢繆。因當時第一環保局及內政部勞工所正是負責的兩大單位，而「南區環境保護監視中心」則是第一線可以負責此一計畫之單位，所以莊局長就把此一當時最重要的任務交給我負責。從那起的三個月，我都親自戴著安全帽，和警備總部人員、勞工所人員，逐一進入各類可能有重大污染之工廠，逐一調查其污染點、了解可能突發之狀況、及如何預防等。這工作其實也是我個人很重要的歷程，它讓可以我全盤掌握公害、預防公害於機先。事後，我們的國家近三十年來都未發生類似印度那麼樣悲慘的公害案件，我個人相信：這預防性的「緊急工業污染防治調查計畫」是很有效的。其實在每次我們三個單位同時到工廠訪查中，從幾乎每次廠長都出面簡報、帶頭會勘，就可看出工業界對吾等訪查的重視。而只要領導人重視，自然事半功倍矣。

與「赤腳兄弟」打交道

　　在「南區環境保護監視中心主任」三年二個月的任期

中，又遇到南部廢五金業者經常露天焚燒廢五金、釀成世紀之毒戴奧辛之污染案件。最嚴重的是在台南市西南邊的灣裡地區其高雄縣茄定、高雄大寮等地。第一環保局因此決定對之大力取締及督導改善。唯因南部的廢五金業者大多屬於「赤腳兄弟」經營的行業，第一環保局當時全國只有一百位「第一批環保公僕」，奉派到「南區環境保護監視中心」的公僕也只有約10人左右。莊局長因此決定由當時第二組沈世宏組長負責「規劃與決策」，而由「南區環境保護監視中心」負責招募約聘人員約20名組成兩個「廢五金管制大隊」，其一是「灣裡廢五金管制隊」，其二是「大發廢五金管制隊」。這是民國七十三年起我們最大的挑戰，一方面我們需與數不清的「赤腳兄弟們」打交道，軟硬兼施地希望他們不要再露天焚燒、酸洗廢金屬等，以免觸法受罰。

　　另一方面，我們還與經濟部工業局不斷開會、研擬徹底解決之策略。最後是決定由工業局輔導廢五金業者設立兩個「廢五金專業工業區」，其一是在灣裡，另一即在高雄大發。接下來我們就一路輔導業者進駐專業區，看著他們設立標準規格的工廠、加裝標準的污染防治設備。然後慢慢地，南部地區露天焚燒廢五金的嚴重污染問題消聲匿跡，也終於還給人們清新的、健康的、可以重新深呼吸的美味空氣。

你是對岸來臥底的嗎？

在南部三年二個月的任期中，我因早對酸雨有所研究，對污染傷害「人體、農、林、漁、牧、材料、生活環境、生態系」之所謂「公害」極為重視，因此當地的媒體很喜歡向我「挖新聞」。有不少記者朋友幾乎沒幾日就到後火車站的「南區環境保護監視中心」找我聊時論事。個人是一直本著為國做事、無所隱瞞之態度，儘量讓外界知道環保實況。所以那些年我們常上報，記得還有地方報以頭版頭條報導「高雄的酸雨」，而台視也因此指派電視記者進行不少「污染公害系列報導」，讓污染實況之畫面出現於國人之眼前。對於這一些，很感謝莊局長都一路在挺我、支持我。他每次都說：「你就衝下去、我支持你」。但插曲一件是：高雄市環保局局長反而受不了，說我帶記者去拍垃圾掩埋場的黑色滲漏水，是否「孫岩章是故意要高雄環保局沒面子」。甚至於有一天第一環保局負責保防的人二先生，就出示一份密件給我看，就說高雄市環保局質疑我是否「是對岸派來的人馬？」——哈，姑且當做茶餘之笑談一件。

同樣的另一污染的揭露則很有成就感，那是鹼氯工業長期廢棄之汞污泥污染追蹤案。記得是民國七十五年，吾等感於日本水俁案前車之鑑，加上民國七十三年十二月印

度發生異氰酸甲酯外瀉、導致2500人死亡、十萬人受傷之全球最嚴重污染傷亡案例，我們即著手追蹤、調查當時國內各鹼氯工廠的廢棄汞污泥，因為過去鹼氯工業長期使用「汞極法」，從粗鹽中電解製出氯氣及燒鹼，卻讓粗鹽中的剩餘鹽份伴隨溶解之汞，一起成為巨量的汞污泥。這些堆積如山的汞污泥如不妥善處理將可能釀成「日本水俣案第二」之重大污染。於是吾等即針對大高雄共三家之汞污泥製造者追查其歷年產生之汞污泥，竟發現有的已經被亂倒於溪邊，有的不知去向，有的說是暫時埋於廠內。當時媒體記者也加入追蹤之行列，終於讓大部份之掩埋處曝光。業者也逐步加以改善，包括進行固化、安全堆置等。終於讓台灣沒有「日本水俣案第二」之隱憂。而這一路上，當要感謝莊局長一路挺我、支持我。如無他的相挺，恐怕壓力會大到不行，因為這些業者都是國內屬一屬二的大咖，其一是民營石化之第一，另一也是國營石化之第一。

參與圖書出版

　　在此第一線的環保工作中，我仍不忘「農業公害鑑定」之研究，所以努力在「南區環境保護監視中心」設立模擬植物受害的燻氣設施，又與農業試驗所鳳山分所林正忠博士合作，不斷進行空氣污染危害農作物之科學驗證試驗。另一方面，則不斷收集南部現場實際發生的各種公害

案例。我們總在工廠發生氣體外洩之後，連續觀察鄰近植物是否出現病徵，同時調查其污染分佈及範圍。最後完成案例報告。必要時在實驗室進行模擬驗證，尋求因果關係上都能符合病理學界要求之「柯霍氏準則」。這三年多的研究、調查、驗證，方讓我完成第一本公害鑑定之專書——《空氣污染公害之鑑定技術及圖鑑》(1984年由行政院衛生署環境保護局編輯委員會出版)，並由莊局長發行，公開對外傳送有關污染如何危害生態及植物之科學知識。

　　甚至於因有在「南區環境保護監視中心」三年多的實際經驗，我於民國七十八年奉母校蘇鴻基教授之召喚回校擔任副教授之教職後，再編寫第二本書《環境污染與公害鑑定》(1994年由科技圖書公司出版)時，也是收集到全國各類環境污染傷害「人體、農、林、漁、牧、材料、生活環境、生態系」之各種案例，進行科學之評析而成我國「公害鑑定」之第一本專書，所以這本書直接間接都和莊局長支持與提攜相關也。

環保局「第一」之組長

　　在南區三年多寶貴的工作及貢獻之後，至民國七十五年八月，莊局長才安排讓我重新回到本局，其新職務是接任林達雄組長升任副局長後的第一組組長的職位。而這第一組的業務也是該局之第一，它需綜合各組、負責各種全

局性、教育性、企劃性、預防性、國際性、科學研究性、宣導性的業務。所以它讓我更有機會負責起多種「國家級」的環保決策工作。我在整整一年的「第一組組長」任內，重要的任務及完成的工作有：

一、推動及負責「國家級環境影響評估」之業務，包括明潭抽蓄發電廠之環評通過、新天輪水利發電廠之環評通過、杜邦鹿港建廠之中途撤出、中油五輕環評之期後考核前準備、台塑六輕之期前準備等，這些都是在「行政院加強推動環境影響評估方案」下之施政作為。

二、負責「全國環境教育及宣導」之業務。

三、協辦行政院科技顧問組在民國七十六年之「科技顧問會議」，那時的科技顧問組是李國鼎政務委員所領導的最高政府科技決策單位，而在吾等三天的會議中，終告通過「全國垃圾採取焚化為主」之決議，此一決議是後來台灣各縣市共建立20個垃圾焚化廠之根據，而每一焚化廠的預算就約有40億元新台幣，足足比民國七十一年我們全局預算三億元要多10倍以上。

在環保署誕生時離去

也是在我回局的那一年，我幸運申請到教育部之「公費留學博士後研究獎學金」，也幸運得到莊局長之全力支持，批准我「留職留薪」到美國公費留學一年，又因我在

「南區環境保護監視中心」三年多一直有「空氣污染為害植物之研究論文」發表在國內外期刊，故能順利申請到美國北卡羅萊納州立大學植物病理學系之「訪問助理教授」之交換學者頭銜，用以前往該校進行博士後研究。

　　而這時候，正是我國環保、公害新聞最多的時期，幾乎每天翻開報紙都有一堆「污染、公害、糾紛、自力救濟、擋路、抗爭、垃圾大戰、拉白布條」的新聞。記得當時任行政院院長的孫運璿都不得不感慨：「居然連拉不拉圾的垃圾處理問題也要拿到行政院院會加以議決。」在就在民國76年，行政院終於同意讓環保局獨立於衛生署之外，即升格變成了「行政院環境保護署」。

　　很遺憾的是，環保局升格變成了「行政院環境保護署」，對於吾等最先創局、為國家環保賣命、打拼的一百位「第一批環保公僕」來說，並非是「更美好的機會」。相反地，政治氣息很快籠罩全局及全署。連創局元老莊進源之台灣環保第一先生，都因此被排擠「出局、出署」。我在民國七十六年八月環保署升格前後，親眼看到「政治力對環保界的大干擾」，我也親眼看到「官僚的肆無忌憚」。這幾個月，全局年輕的一百位「第一批環保公僕」都沉浸於震驚與感慨之心情中。我們在極度不平之中歡送了莊局長，他被安排到最諷刺的環保死對頭——經濟部去當技監。留下我們一百位「第一批環保公僕」被一大批外行的新進官員頤指氣使地任意調動。而因我「公費出國留

學」在即，暫時順利擺脫這一漩渦。

英雄創造時代

　　俗話說，「人生在世，際遇難測」。誰能料想到對我國環保最具貢獻的「台灣第一環保先生」，竟因爭取「環保局升格」，弄到被「搬開座位」、「讓出機會」的慘境。而這就活生生地發生在我眼前。而據事後之觀察，政府這樣不尊重專業的做法，事實上最終是有很大的負作用的。因爲有很多人因此忿忿不平，很多人總會伺機反彈，而對國家環保與經濟之共同提昇也沒有因環保局的升格而有該有的進步速度——我是三十年來從旁觀後，得到此心得與總結。

　　唯「時代考驗英雄、英雄創造時代」，吾等一百位「第一批環保公僕」並沒有從此失意、失志。後來各自努力的結果，仍然分別嶄露頭角。最後就如前述，逐漸位居高階主管、地方環保局長、學者、教授等要職。而我們心目中「永遠第一的莊進源局長」也另啓舞台，轉到國立師範大學任教，作育英才。另一方面，環境保護學會在莊局長的繼續支持下，也能繼續參與「國際空氣污染防治聯盟」(IUAPPA)國際組織，一直維持理事會會員國的會籍，並每年參與該項國際會議，並曾主辦過區域性國際會議。後來我也被推選爲「環境保護」會刊之總編輯，再被推選

為理事長，前後長達四屆、八個年頭。

　　而此一台灣第一的環境保護學會，每三個月就會召開理監事聯席會議一次，莊局長既是最早的籌辦人，也是名譽理事長、常務監事，更數十年如一日，幾乎每次都會出席。而同樣每次都出席的還有前衛生署李悌元副署長、前衛生處林朝京處長、前環保局呂世宗教授局長、名譽理事長許東榮教授、故環衛實驗所羅美棧教授所長、前環保局李公哲教授局長、名譽理事長張隆男院長、名譽理事長郭坤土教授、學會常務理事張哲明教授、故立法院陳熙處長，和我這位算小老弟的現任理事長。大家每次都很高興，談天說地，說時論世，話當年的環保，盤古開天地的點點滴滴。

　　唯事實上，以上這些，林林總總，都應該說：直接或間接，都是由「那些年我們一起追隨的莊進源局長」，帶給我們的。尤其，小弟我能有今天僥倖在植物醫學及植物醫生、環境保護及公害鑑定等兩大領域，各居於國內領先之席次，當更感激莊局長的一路支持與栽培耶。

　　特別套用「那些年」的流行語，獻給我們永遠、健康的，莊進源局長、恩師。

註：作者孫岩章為國立台灣大學植物病理及微生物學系教授、植物醫
　　學研究中心首屆主任、行政院公害糾紛裁決委員、植物醫師、中
　　華民國環境保護學會理事長。

伯樂識千里馬
—— 專訪邱聰智

問：請問您與莊進源博士在什麼樣的情況下開始合作？

答：民國60年代，莊博士時任行政院衛生署環境衛生處處
長，當時的台灣鮮少有人瞭解環境保護這個領域，大
家連公害防治都不甚清楚，因此政府只有「環境衛
生」處這個單位。但莊博士投注相當心力在公害防治
上，他企圖建立一套公害防治系統。但政府的政策必
須和法律相結合，透過介紹，又或者是莊博士的尋
覓，總之我因法律專業，開始與他合作。最先，我們
討論公害防治基本法，進而研擬空氣污染防制法、水
污染防治法等草案。這些草案都是比較短的基本條
文，內容也不大複雜，因此提交立法院很快就能通
過。後來的環境影響評估法、廢棄物清理法就沒那麼
簡單了。民國63年，我參與史院長組成的桃園地區公
害防治小組，於是有機會向莊博士更深一層請教公害
防治方面的問題。此外，中原大學化學系黃金旺教授
也參與這個計畫，他是東京大學化學博士，我們三人
常在一些討論會議上碰面，研究相關議題，讓我對公
害防治的認識更深一層。

問：您參與的諸多環保法案中，哪一項在執行上最為艱

難？

答：最艱難的要屬「廢棄物清理法」。民國70年代，廢棄
物清理法已不再是「清理廢棄物」而已，更要配合
「垃圾減量」與「資源回收」，牽涉到的面向又寬又
廣，其中最重要的改革，就是推動取代就地掩埋的焚
化爐。焚化爐在莊局長的時代就開始研議，我雖在民
國78年完成草案，但真正發生作用大概要到民國97年
以後。一方面是民眾的垃圾分類意識建立起來，一方
面也是台灣建造焚化爐的技術逐步提升。由於各地的
民情風俗、生活習慣各異，以美國技術建造的焚化爐
不見得可以處理台灣的垃圾，所以投注科技研究、致
力建設適合台灣的焚化爐非常重要。台北市原本計畫
要建立第二個垃圾掩埋場，預算都撥下、土地也徵收
了，但焚化爐計畫一突破，就沒有建掩埋場的必要
了。總之，從我草擬廢棄物清理法到法案通過，整整
奮鬥了20年，可見環境保護這條路是這麼漫長，但莊
局長貫徹了一生在這條大道上，令人佩服。

問：莊博士在您的印象中是一個怎麼樣的人？

答：我覺得莊博士是一個溫和又理性的人。和他合作的過
程中，他從未有過很強的主見，當然由於我倆的專業
領域不同，或許他在化工領域會有相當的堅持，但是
他相當尊重我的專業。當時台灣沒有任何環境保護相
關的法律，因此莊博士有任何立法上的想法，便會指

示我去試著做看看，而我草擬的法案到他手上，他幾乎就是全盤同意通過。我覺得他是一個凡事只要和他理性溝通，他覺得對的，就會放手去做的人。

問：現今台灣民眾的環保意識已相當濃厚，環保人士對國家政策的力量也不容小覷。您身為台灣第一位草擬「環境影響評估法」的學者，請您談談這個法案。

答：環境影響評估法也是莊博士提起、然後指示我去做的。當時台灣的法學上根本沒有這樣的法律，莊博士是首先提出來的人。聽到這個想法我相當驚訝，我的碩士論文主題就是公害防治，和莊博士合作幾年下來也草擬不少公害防治相關法案，但是「環境影響評估」這個想法非常新穎，說實話我根本不懂。為了這個案子，我特地申請到德國、日本進行考察。當時環保局負責和我接洽的黃光輝博士，也和我一起研究這個議題。在蒐集資料後，我發現日本在環境影響評估方面的作法，不適用於台灣，因為台灣可以說是世界上蹂躪土地最嚴重的一個地方，因此我主張採取最嚴格的環境影響評估標準。

對於企業開發前要做的環境影響評估，有三種作法。第一種僅需做到資料公開，不必送政府核准，也就是說企業將開發的企畫案公開於媒體，提供各項數據，讓民眾瞭解建設後會面臨什麼樣的環境改變，此後交給社會大眾去評斷。但一旦被糾舉出開發後將對環境

有不適影響，企業必須修正案子，才能進行開發，當時的德國、日本都採取這個作法。美國基本上也是如此，但又特別規定企業必須對居民召開說明會，取得居民同意才可進行開發，因此是第二種作法。而瑞典則是採取最嚴格的第三種作法，也就是任何環境影響評估都需要經過政府核准。

我以較嚴格的標準提出環境影響評估草案後，莊局長也很支持地說那就這樣做吧！但最後通過的環境影響評估法，將居民參與正式化，且不硬性規定一定要政府核准了才能開發，可以說是介於瑞典和美國之間的方式。我必須要說，台灣的環境影響評估是世界上數一數二的，我雖然是草擬法案的人，但背後的推動者其實是莊局長。

問：莊博士對您最大的影響為何？

答：我投入環境法案的時間共20年，大約從民國62年到82年。人生際遇難料，之後便轉到其他領域。在這20年當中，陸續草擬了土壤污染防治法草案、公害防治處理法草案、廢棄物清理法修正草案、空氣污染防治法施行細則的修正草案等。以實際層面考量，在台灣法學領域中，沒有一個學者可以靠「環保法案」而生存，因為當教授的話課開不成，作學者的話也沒有經費可以從事研究。但當年因為莊局長對我的肯定與支持，將環保法的專案交給我執行，讓我對台灣環保的

工作多少有一點貢獻。也因此，我在民國75年寫的
《公害法原理》得以問世，更沒想到因為這本書，我
在環保法案的些微成就竟然傳到對岸，小有名聲。
2002年我到西安訪問時，一位環工系教授得知我的名
字，好像遇到久不見的好友一般，熱情招呼，不過我
那時已經離開環保領域多年了。如果說有千里馬與伯
樂，我想，莊局長就是相中我的「伯樂」！我能在環
保領域大展身手，都是拜他所賜。而民國80年以前，
台灣的環保法能有這樣的局面，也都是莊局長一手促
成。

註：邱聰智為現任考試委員。

最勇敢的環保鬥士
—— 專訪林達雄

問：您與莊進源博士第一次見面是什麼時候？

答：原先，莊博士和我並不認識。在一個偶然的機會下，我們一同參與一個會議，會議後他直接地來問我：「環保局即將成立，你要不要考慮來這裡工作？這是一個很新的單位，工作內容充滿挑戰，而且未來也具有發展性。」當時是民國68年，我剛從德國留學回來兩年，一個默默無聞的青年，卻受到環保機關首長的邀請，可見他一直在關注各個領域的專才，為即將成立的環保局延攬工作伙伴。考慮幾天，我決定接受，這是我職業生涯中一個很大的轉機。我大學就讀水土保持系，畢業後在林務局服務，長官雖待我很好，但在省級機關要獲得升遷相當困難，因此我決定到另一個單位去闖闖。在莊博士引薦下，我進入當時的衛生署環境衛生處。在工作上我秉持著「使命必達」的態度，3年內升為組長，再3年竟擔任至環保局副局長，現在想起來如夢幻一般，甚深感謝莊局長的提攜。

問：您在民國74年擔任環保局副局長，環保署成立後，繼續在水污染和空氣污染領域工作。民國82年起又連任14年的環保署副署長，畢生的精力皆投注在台灣的環

境保護上。在這段期間您所處理的案件中，印象最深刻的是什麼？

答：我參與的工作項目中，不少是莊局長早就有的規畫。我先來談談垃圾處理問題。民國72年，莊局長已經看到了經濟日益發展的台灣，必將出現垃圾處理的問題。果然，民國75年中壢便發生「垃圾大戰」。莊局長以前瞻的眼光，向政府提出垃圾處理的問題。透過行政院的「台灣地區環境保護方案」，莊局長開始將他的理念——也就是「焚化爲主、掩埋爲輔」訴諸行動。因爲受到政務委員費驊、李國鼎等人支持，行政院通過衛生署提報的「台灣地區都市垃圾處理方案」，於是從民國74年開始，「焚化爲主、掩埋爲輔」成爲定調的目標。

環保局的第一個行動，就是接手原由台灣省建立、管理的安坑焚化爐，將原先設備簡陋的焚化爐修整改造後，由中央的力量來推動焚化方案。民76年環保署成立後，陸續建設20幾座大型垃圾焚化爐，與莊局長規劃的「垃圾處理」理念一致。民國95年我帶著全台環保局的局長或重要主管至日本考察，接待我們的是日本垃圾處理的負責主管，他對於台灣的資源回收、垃圾減量，以及焚化爐能有此大發展，感到相當驚訝。其實我們就是延續莊局長的理念，再一步一步漸趨完善。而規劃、執行這些政策的後進，大多是當年莊局

長親自培育出的子弟兵。

問：除了垃圾處理，據說莊博士的博士論文專門研究空氣
　　污染的大氣擴散，想必一定有將研究成果帶入政策
　　面，能否與我們分享環境衛生處、或是環保局在空氣
　　污染防制方面的成果？

答：首先我要說，民國60年代的空氣污染非常嚴重，尤其
　　在高雄的重工業區，可以說是污染地段，但這一切，
　　因為一項政策的執行而大大獲得改善。這個政策就是
　　莊局長在民國71年提出的「低硫油政策」。空氣污染
　　的來源之一，是工廠為獲得動力，燃燒「燃料油」所
　　產生的二氧化硫。民國62年，國內工廠使用的燃料油
　　普遍「含硫」比例，大約是3.5～4％，也就是說，燃
　　燒這些重油，最多將排出濃度2000ppm(0.2％)的二氧
　　化硫，這可是相當高的濃度！因此如何規定工廠排放
　　的二氧化硫濃度，成為一項被關注的議題。要降低二
　　氧化硫的排放濃度，有許多作法，當然，我們可以要
　　求各個工廠使用排煙脫硫設備，但實際上，並不是每
　　個工廠都有經費設置此設備，即使有，各工廠能做到
　　的技術、達成的效果如何，也都很難掌握。但莊局
　　長非常有智慧想到：「只要控制油的來源——中油公
　　司，那麼一切便解決了！」當時台灣提供燃料油只一
　　家「中國石油公司」，因此莊局長巧妙地透過台灣地
　　區環境保護方案，由行政院策令中油逐步實施「低硫

油」的供應，並在「空氣污染防治法」中，逐年加嚴
排放的標準。到了民國71年，台北、高雄的所使用的
重油含硫比例，已經降低一半，達到2％。75年7月，
則全台一同降到2％，兩年後，又從1.5％快速下降，
現在工廠使用的燃料含硫量，最高不得超過0.5％。

燃料油含硫量比例的減少

民國	62	71.01	75.07	79.07	82.07	85.07
含硫量(%)	3.5～4	台北高雄2.0 其他3.5	2.0	1.5	1.0	都會0.5 其他1.0

另外，莊局長也是空氣污染監測網的草創者。民國71
年環保局設立後，負起掌管全國空氣污染的業務，莊
局長便以有限的資源，在全台設置19個空氣品質監測
站網。那個年代網路不發達，必須跟電信局租用電話
線路來進行網路連線，然而，卻也不見得能順利使
用，可以說要即時回傳監測數據就相當困難。其實在
我們之前，台北市、高雄市都試著做過，但都無法完
成連線、作持續的監視。而在莊局長領軍下，我們意
氣風發地完成這項任務，成功建立起第一代空氣品質
監測網。

問：現今環境影響評估鬧得社會沸沸揚揚。曾參與「環境
　　影響評估法」的林教授，能否與我們談談這個法案的

原由與歷史？

答：這要先說到民國58年。那一年，美國因應諸多重大開發計畫，為能預防污染和對環境生態的破壞，美國通過環境影響評估法案，這是全世界環境影響評估制度之首創。

「環境影響評估」存在的價值，就是當面臨一個新的開發前，必須保證此建設完成後，其正面效益大於負面，甚至研討出將負面效益降到最低的作法。這在當時是非常新潮的作法。10年後，台灣也跟進，民國68年5月通過的「行政院科技發展方案」中，便有一項「推動環境評估的制度」。這個方案只說要推動環評，但如何行動？其實沒有很具體，因為國內沒有幾個人懂得環境影響評估，別說專業人才的缺乏，政府主管機關也毫無審查能力。但大家有此共識，因此陸續朝這個方向努力。

民國69年4月，行政院衛生署接獲執行「台灣北部沿海工業區環境影響評估示範計畫」，並獲得兩千萬元經費，其下分作多項子計畫，委託以台大、中大為主的團隊來執行。台大地理系張長義教授是總主持人，二十餘位教授共同參與，當中包括大氣學家蔡清彥(現工研院董事長)、陳泰然(台大副校長)，水方面的研究專家彭旭明(中研院院士)、牟中原(台大教授)、黃榮村(前教育部長)等人才。台灣環境影響評估的技術與訊息，由

此散發開來，更培育了數十位年輕助理，成爲環境影響評估的先期人才。

民國72年，經由衛生署環保局和輔大法研所邱聰智教授研擬，推出「環境影響評估法草案」，由衛生署報行政院轉送立法，這是台灣首次以文字呈現的環評法草案。但行政院以國內缺少環評方面的技術人才爲由，將草案暫時擱置，先不朝「制定法律」的方向邁進，而是用「加強推動環境影響評估方案」的方式，試行於正在推動的12項經濟建設計畫，因爲是「試行」，所以行政院原只打算將一兩個建設拿來試作環境影響評估。但我們在「加強推動環境影響評估方案」中，條列規定今後政府的重大建設計畫、開發觀光資源計畫，必須進行環境影響評估。

民國74年10月，行政院核准「加強推動環境影響評估方案」，爲期五年。方案一推動，要做的事情太多了，民國79年10月又推出加強推動環境影響評估「後續」方案，再施行五年。在這十年當中，陸續將國內國營、私營等重大建設，全數納入環境影響評估。

雖然等到民國83年12月「環境影響評估法」才通過，但早在11年前莊局長的時代我們就開始努力，所以我說台灣環境影響評估制度的創始，莊局長功不可沒。

問：您認爲現今施行的環境影響評估法，與當初莊局長時代擬定的草案，有什麼不同？

答：當初草擬的法案比較簡明，但環評的內涵都在，而我
　　認為現在的「環境影響評估法」反倒沒有當初草案來
　　得高明。怎麼說呢？邱聰智教授的草案設計中，將環
　　境影響評估分為兩步驟。首先，如果企業評估這個開
　　發影響較小，那麼只要提出簡單的「環境影響說明
　　書」，經由審查，以一個步驟便可以通過環評。除非
　　審查機關認為茲事體大，無法以簡單的說明書交代，
　　便會要求進入第二步驟，提出「環境影響評估書」。
　　而自行評估影響範圍較大的開發計畫，則可一開始就
　　走第二步驟，亦即提出環境影響評估書。總之，只要
　　企業的眼光正確，一個步驟便可以走過環評程序，不
　　像現在不論建設案大小，一律要經過前述的兩個步驟。
　　以一個大案子來說，直接深入地提出環境影響評估書
　　就好了，何必浪費時間多跑第一步驟的說明書流程？
　　一個步驟跑完，半年、一年就過去了。而這種方式會
　　造成什麼結果？由於說明書交代的深度有限，導致複
　　雜的開發案，在第一個階段就引發社會熱烈討論，環
　　保人士在未清楚細節便發起抗議，讓整個社會陷入躁
　　動，建設案一拖再拖，間接增加不少社會成本。

問：在您的印象中，莊博士是一個怎麼樣的人？

答：莊博士大我18歲，在我心目中是一位相當值得尊敬的
　　長輩。跟在他的身邊，可以學習到很多事情。我從未
　　見過他發脾氣，他不高興的時候，最多就是皺個眉

頭，跟在他身邊的我們，馬上就知道有事發生了。我
認為莊博士也是一個頗有童心的人，例如有一次我們
到經建會參與會議，他在一樓階梯前，突然對著大樓
喝斥：「哼！這些官僚！」

當時的經建會不比現在，宛如小內閣一樣，裡面官員
說的話份量很重，在這邊通過的重大計畫，差不多就
能在行政院通過。每次我們研擬的重大方案，到了經
建會常引發大官的熱烈詢問，意見很多，莊博士對於
這樣繁瑣的流程有時也感到很無奈，因為台灣的環保
有太多事情要做，卻還要花費這麼多時間和大官們斡
旋。不過他也只是在樓下念念而已，上了樓還是一派
安詳和平。

問：請問莊博士對您一生最大的影響為何？

答：他改變了我的一生啊！我原先從事的是水土保持，是
他將我拉到環保領域，此後，不僅從事的工作不一
樣，認識的人也不一樣了，結果我後續的人生整個轉
向，一頭栽進了環保的世界。從民國68年到95年底，
我都在環保單位，由於曾經長時間跟在莊局長身邊，
我觀察學習到如何對環境問題進行「決策」。後來擔
任環保署副署長期間，歷任六位署長，接近決策的範
圍，因此更讓我體悟到「正確決策」的重要性。我赴
文大進修時，便在博士論文中提出一套「決策判斷模
式」，依照這個公式一一去檢驗，除了可以在事後驗

證當年決策的是非成敗，更重要的是在決策之前進行
評估，以客觀的數據讓執政者理解、進而支持該政策
的推行。總之，我在環保界數十年，參與無數方案，
也提出了一套研究成果，終能回饋給環保，這都要感
謝我心中永遠的局長，永遠最敬佩、最感激的長官，
最勇敢的環保鬥士──莊進源先生。

都市臉譜的催生者
——專訪王俊秀

　　1981年6月，我以薦派專員身分進入衛生署環境衛生處，推介我的是昔日同窗、也是我在日本筑波大學環境科學研究所的學弟黃光輝。我自筑波大學環科所畢業後，在美國威斯康辛大學留學一年，回國後(1980)便在東海大學環境科學中心服務。應是具備環工背景之故，得以進入當時人才濟濟的衛生署。

見證「環保局」的創始

　　當年環境衛生處的辦公室在忠孝西路，處長就是莊進源，其他同事包括王碧、何舜琴、林達雄、倪世標、黃光輝、丁振文技士等各領域最優秀的技術人員。剛就職不久，我們便一起見證了1982年改制後的環境保護局，莊進源先生擔當首任局長，中央大學的呂世宗教授則為副局長，現任的

行政院
衛生署環境保護局
第一組

科長

王俊秀

地址：台北市敦化北路二〇一號後棟九樓
電話：(〇二)七三一—九六〇一轉六一六
七三二—一九〇八〇六七

沈世宏署長當時為第二組組長。

記憶猶新，當時環保局分成六組，第一組由林達雄 (後擔任環保署副署長達14年)擔任組長，下有環境教育與宣導科，本人忝為首任科長。環境衛生處改制為環保局後，辦公室由忠孝西路搬至台塑大樓後棟。當地生活機能佳，長庚醫院總部、中泰賓館都在附近，中華體育與體育場(現在的巨蛋)也常有活動。喜愛桌球運動的我，對於新辦公處的地理條件無比雀躍，加上改制後增加許多新單位，因此有了不少球友。如此美好轉變令我心生感謝，在工作上更加盡力，決意要做出一番成績來！

不只是我，當時局裡整體洋溢著前進的氛圍，在莊局長帶領之下，大家心中都充盈著要為台灣環保寫下新頁的熱血。莊局長心胸開闊，願意採納各式對民眾環保教育的

建議，在他強力支持下，第一次環保宣導演唱會就在中華體育館開唱。此外，我負責的科為新成立之環保局設計獨有的標誌(Logo)，也受到局長肯定，後來一直沿用到環保署成立之前；而為了在深具可塑性的學子心中深植環保概念，本科更舉辦金環獎等各種教育宣導之比賽。

為表示對環保教育的重視，莊局長甚至親自頒發獎狀給得獎的孩子。

當年，和莊局長一起投入的研究中，印象最深刻的當是煙流追蹤與公害自力救濟案。其中，煙流追蹤由莊局長親自領軍，在林口火力發電廠，以氣球來追蹤煙流的去向。公害自力救濟則委託社會學研究的泰斗——中研院蕭新煌教授主持，此研究可謂台灣環境運動的先驅。

推出都市臉譜

環境教育剛起步的民國70年代，要推廣環保意識，除了傳統的撰文論述——例如健康教育期刊第49期(1982年6月出版)，另外就是透過媒體引起民眾的注意。由我主導推動的都市環境臉譜，曾引起大篇幅報導，中央社特前來環保局採訪，並將訪談內容刊登於各大報紙，一時蔚為轟動，引發國人對環境的關注和興致。

該採訪起源於1981年7月由中研院主辦之第二次社會指標研討會。本人在會上發表的論文：〈生活環境指標的都市比較與應用〉，以在筑波碩士論文中使用的臉部表情法為基礎，將台灣五大都市的環境臉譜做一比較分析。我用各項都市環境指標來對應臉部五官，再以整體指標決定臉部表情的喜怒哀樂。1983年3月14日，五大都市臉譜首

度在報紙亮相，1990年，我又再以電腦繪圖呈現台灣的七
大都市臉譜，供各地市民參考比較。

以環境電子報劃下公務員句點

在網路仍未發展的當年，剪報成為資訊累積的一大主

行政院衛生署環境保護局新聞資料剪輯

・「微笑市都」的創始漫畫科筆繪圖
（社本中）

軸，而環保局累積了自1970年起的老剪報。因此，在莊局長授權下，我依照日本出版的環境年表，在1983年出國前完成台灣環境年表(1970～1983)草稿，原預定由聯經出版社出版，後來因故無法出版。原稿再增補至1990年，改成電子版，交由台灣環境資訊協會的環境電子報分享大眾，也算是我參與當年環保局對社會的小小貢獻。

為環保邁進的前進齒輪才加速，卻因違反技術任用條例，我與許多同事成為黑官，百般考量下，最後我決定辭職赴美攻讀博士。因此，我從環境衛生處到環境保護局，前後只工作兩年多(1981/6～1983/7)，主管皆是莊進源先生。

1983年1月我在台南結婚，由於同事都在台北，因此另擇日在台北華國飯店補請婚宴。當天許多同事齊聚一堂，包括莊局長與蕭教授，這些胼手胝足、共同奮戰的長官與友人蒞臨，讓我的公務員生活在當年7月有了一個圓滿的結束。

我心中的莊局長

莊局長個性陽光熱情、幽默風趣，在公務上更是充分授權、尊重專業。由於莊局長魁梧的體型，加上笑口常開、活力充沛，直到現在，仍把他與聖誕老人聯想在一起。

　　我與莊局長雖然僅僅共事兩年，充實的七百多日子卻在我生命中烙印下深刻的痕跡，至今，我還留著由莊局長壓印之離職證明書。歲月如梭，仿若昨日，不久前得知昔日長官欲追溯故事，付梓成書，我也乘機掀開記憶的抽屜，在一幕幕上演的回憶中，書寫我對莊局長的紀念。

註：作者王俊秀為清華大學社會學系教授。

我心中的台灣環保之父
—— 專訪倪世標

　　民國69年6月，我接獲行政院衛生署派令，通知我前往環境衛生處報到，當我首次與莊處長見面，他非常親切地、誠懇地指導我，並且同意我先完成當時於台灣經濟研究所負責日本日產汽車製造公司所委託的「在台設置20萬輛汽車廠可行性研究計畫」，再行報到。我於69年8月就職，承辦廢棄物處理業務，莊處長即交給我許多資料，希望我能儘速草擬廢多氯聯苯清理的法規，當我經由莊處長的指導及同事陳昭德博士的協助而完成草案後，即經由衛生署陳報行政院審查。

　　不久，國內欲舉辦第一屆中日工程技術研討會，因莊處長當時亦擔任中華民國環境保護學會理事長，他義不容辭承擔了醫院建築及垃圾處理二個分組，除了須聘請專家學者、籌措經費外，並須負責研討會的舉辦。當時我的科長黃宏維接受中興工程顧問社的邀請赴印尼服務，在人力、財力均不足的情況之下，莊處長仍毅然決然地承擔了引進日本先進技術及觀念：如醫院採高樓建築、垃圾採機械分類、堆肥多元化處理等。順利完成了研討會後，卻發生軟、硬性清潔劑污染河川的爭議，經向行政院陳報相關證明文件後，行政院同意莊處長的意見，逐步禁用硬性清

潔劑。民國70年下半年莊處長指示亦是專員的王俊秀主辦、處內多數同仁協辦，共同籌備環境保護局，我亦奉派擔任水污染防治命題委員，並參與入闈、口試等，經由此次公開、公平方式甄選而入環保局服務者，有現任、曾任環保署處長、副總隊長、地方環保局長等。

　　民國71年1月環保局成立後，我於三組服務，主要業務為水污染及土壤污染防治、一般事業廢棄物清理。72年5月公布修正《水污染防治法》，水污染防治業務由經濟部移至衛生署主管，莊局長不畏任何壓力，命當時造成嚴重污染的高銀化工廠、李長榮化工廠等停工改善，皆喧騰一時。莊局長常利用公餘之暇，接受國內大台北地區各大專院校之邀請，前往講解環境保護相關課程，讓青年學生們正確了解環境保護的重要、認識各種污染及其解決方法。莊局長亦爭取日本交流協會每年提供多名員額，為期大約一個月，讓環保局及地方環保單位同仁赴日本觀摩各種環保設施，研習環保專業知識、技術，提昇國內解決污染的能力。在環保規劃、計畫方面，莊局長任內完成了台灣地區土壤污染調查、台灣地區垃圾處理方案、淡水河污染整治方案等，並徹底推動執行。

　　我於民國75年8月奉派代理南區監視中心主任，主要職責包括灣裡、大發廢五金專業區管制工作，該專業區的設置，即是因為廢五金業者自國外進口大量廢五金，而為獲取銅、鋁、鋅等金屬原料，卻於台南二仁溪沿岸露天燃

燒，嚴重污染環境，危害人體健康，莊局長有鑒於此，乃
建議行政院，主張廢五金業者必須具備污染防治設備，集
中管理，方可進口。經由此項管制措施，已使得台南以南
地區的環境大幅改善。

　　以上，是我追隨莊局長所見，簡列敘述。他富於運籌
帷幄，開創前瞻性業務，不畏艱難，勇往直前，且無私地
貢獻環境保護、培訓後輩傳承為民服務，是台灣的環境保
護之父。

註：作者倪世標現任台北市政府副秘書長。

讓環保數位化的功臣
—— 專訪吳誠文

　　我在1983年9月預官退役後，即進入衛生署環境保護局(環境保護署前身)資訊室擔任技士，負責管理與操作資訊室的電腦與其他設備。那時候莊進源局長除了大力督促台北市烏賊公車的改善之外，正在積極推動全國空氣品質自動監測網路的建置計畫，一開始先在全島選了十幾個地點建置空氣品質監測站，並且利用電信局的電話網路與第一代(1,200 bps)數據機，定時將測量資料傳回台北的環保局資訊室。我有幸參與該計畫，任務是將數據機連上資訊室內一台PDP11電腦主機(使用的是RSX11作業系統以及組合語言)，利用軟體接收各監測站傳回來的資料，進行儲存(使用大卷磁帶)，並分析、製作報表呈給莊局長。各監測站所監測的空氣品質資料包括一氧化碳、二氧化碳、氧、臭氧、氮、氮氧化合物、懸浮微粒等之濃度。

　　當時由於尚屬戒嚴時期，通訊受到警備總部管制，所以警總還派了一個人常駐環保局，就是為了監督我們數據機的使用有沒有違法，當然我用組合語言寫的程式他沒有一行看得懂，久而久之也就不來煩我了。那台數據機是電信局的財產，我們只是租用，但是數據機貼上了警總的封條，我們不能隨意打開。當時電信線路不是很穩定，數據

機品質又不好，因此常常當機。當機後如果重開機還是不行，就得找電信局的人來解決，而他往往必須打開數據機的機蓋，這時這位警總來的老兄又必須在場。因為這種事情不斷發生，所以這位老兄也不算沒事幹(至少每次都要貼封條)，等於是增加了就業機會。

　　數據機的速度慢，所以一天只能收一兩次資料，而為了確保資料的完整並能及時了解遠方監測站設備運作狀況，收資料時我往往都得在場，因此也常常必須加班。因為加班且待在機房的時間很多，我也就利用時間寫一些程式，以改善局內一些可以自動化的工作，例如我曾經使用COBOL語言寫了一個簡單的圖書館書目及借還書系統給局內圖書館用，也自願開班教同仁寫COBOL程式。

　　莊局長對於全國空氣品質自動監測網路的建置相當積極，不但持續增加監測站的數目與提升監測設備的功能與品質，也大力投資於資訊設備上。我在1984年8月公費赴美留學之前，他已經編了預算，準備將PDP11迷你電腦升級為IBM的大型主機。之後幾年整個監測網路運作越來越健全，發揮了相當大的功能，今天已經變成環保署的一項不可或缺的重要的工具。

註：作者吳誠文為工研院資通所所長。

讓環保與經濟共生的偉大局長
—— 專訪王碧

　　莊局長是個苦學出身學有專精的人，基於他化工及環工的工程師背景，又因緣際會地擔當國家最高環境保護官員「行政院衛生署環境保護局局長」，因此能及時汲取最新的環保科技，應用於環保施政；他也善於突破行政體制內人力資源不足的困境，在青輔會啓用海外歸國留學生的政策下，勇於任用新人。

　　莊局長的用人不疑相當有名，他總是讓這些學有專長的部屬充分發揮所長，推動執行重要專案計畫，籌辦重要會議，修訂法令等；在自由受信任的工作環境下，部屬們都培養出獨立及勇於任事的能力，成爲環保的尖兵，日後在環保領域獨當一面。擔任中央及地方環保主管機關處室主管者眾，如倪世標(曾任環保署廢管處、綜計處處長，現任台北市政府副秘書長)、陳永仁(曾任環保署毒管處、綜計處處長，現任台北市政府秘書長)，何舜琴(曾任環保署空保處、廢管處處長)，王碧(曾任環保署檢驗所所長)等。

　　莊局長雖是化工和環工的工程背景出身，但對於化學及檢驗卻情有獨鍾。這從當年台灣環工界心心念念口口聲聲都是生化需氧量、化學需氧量爲環境汙染的考量時，他就已經大聲疾呼重金屬汙染的重要了。因此，在他籌備成

立衛生署環境保護局時，毅然在綜合、空汙、水污、環衛、毒物組以外，加入了環境檢驗組，使環境保護相關的品質監測、汙染管制、工業防汙等重要工作，都要仰賴科學檢測的數據。衛生署環保局檢驗室是該局第六組，主要負責標準檢測方法的研訂以及水質樣品的檢驗。檢驗室從初始的基本分析儀器，如AA、GC、IC、HPLC等，陸續購置精密儀器如GC/MS、ICP等，讓檢驗範疇逐年增加。由於政府機關依法執行的檢測，事關政府的公信力及人民的權益，需有標準檢測方法依循，所以檢驗室收集先進國家相關資料，編纂檢測方法，公告為國家標準方法。從此以後，從衛生署環保局時代到後來的行政院環境保護署，研發引進了數百種的標準檢測方法，涵括了空氣、水質、廢棄物、土壤、毒化物、環境用藥、飲用水及環境生物等領域，廣為業界、學界及政府機關應用，即奠基於此。

除了水質檢測為主要的檢測業務，其他如多氯聯苯、多環芳香烴碳氫化合物、酚類、有機氯農藥、有機磷農藥等彼時相當困難的檢測，從技術建立到環境調查，都在逐步執行中。莊局長並從日本請來水質生物專家森若美代子博士，到全台各重要湖泊採集樣品，建立本土水質生物圖鑑及汙染指標，並據以評估湖泊的優氧化狀態。有感於政府機關之檢測人力不足，他也開始擬訂民間檢測機構經政府許可，執行相關環境檢測之法規，之後行政院環境保護

署繼續推廣此實驗室認證及檢測民營化政策,至今有約百家的認證檢測機構,年營業額約20億,檢測領域涵括空氣、水質、廢棄物、土壤、飲用水、環境用藥、毒化物等,為民間及政府提供大量的檢測能量,對環境保護工作有不可磨滅的功效,莊局長居功厥偉。

註:作者王碧為前行政院環保署檢驗所所長。

樹立典範的莊博士
── 專訪曾聰智

　　民國70年代初期，快速的都市化與工業化，使都會區及其鄰近的環境資源蒙受脫序的污染壓力，其本質已超越傳統的衛生工程範疇，即便是在污染防治先進的美國，亦積極整合相關的工程與科學領域，快步朝環境工程的新內涵邁進。當時國內的少數產、官、學亦有相同的深刻體認，而時任環境衛生處處長(而後成為環境保護局局長)的莊進源博士是既能有效主導政府政策，同時推動多元性里程碑或指標性計畫的領導人。

　　第一次向莊博士學習，是他正指導高雄地區空氣品質監測與規劃計畫之時(現任沈世宏署長是該計畫的協同主持人)，當時本人正任職於中興工程顧問社，並主持高雄市仁愛河污染治及中洲海洋放流管工程的規劃工作，言談中發現我們三人都是台大化工系的前後期系友，並且感染到莊博士積極要把化工知識帶進環保領域的熱誠。稍後本人參與由成大石延平教授和台大呂維明教授領導的化工教育改革計畫，就借助許多莊博士的觀點。

　　民國72年底，本人轉至中鼎工程，開始建置中鼎的環工能力，同時擔任經濟部工業污染防治技術服務團首任團長，經常帶著熱心而有使命感的專家學者，深入工業污染

的角落，了解問題、提供改善建議，並說服業者進行改善。此時莊博士早已看到重金屬污染的嚴重性──尤其是鹼氯工廠的汞污染，莊博士立即推動立法和管制行動，我領導的服務團亦配合經濟部的產業轉型計畫，協助產業轉型。

1980年代，莊博士執掌當時的國家最高環保主管機關，積極延攬有熱誠的年青才俊並創建相關部門，生氣蓬勃且又重務實。美國杜邦公司原計畫在鹿港附近興建二氧化鈦廠，該計畫的興建辯論，樹立了許多後來國內在類似議題的作業典範。期間莊博士親自率團(本人亦受邀同行)，赴美了解彼方的環評作業及杜邦公司的卓越環保作為，該次訪問心得也成為莊博士在國內推動化工業責任照顧制的基礎。

莊博士為人直爽又好學不倦，最令人佩服的是他前瞻的眼光、提攜後進的心胸，以及不畏困難和勇於突破的熱誠。作為後進而能有此機會表達對莊博士的敬意，實感萬分榮幸。

註：作者曾聰智為殷祐科技董事長、前中技社執行長、前信鼎環保董事長。

附錄

莊進源大事列表

西元	民國	大事	年齡
1905	前6 (光緒31)	父親莊正義出生 妻父親張教源出生	
1906	前5 (光緒32)	母親吳岡市出生	
1907	前4 (光緒33)	妻母親魏葉出生	
1926	15	8月31日出生 ◆中山艦事件 ◆磯永吉教授在台灣試種蓬萊米成功	1
1933	22	妻張宜君出生 就讀羅東公學校一年級，不久轉入羅東小學校	8
1934	23	轉入頭圍小學校就讀二年級	9
1936	25	轉入宜蘭小學校就讀四年級	11
1937	26	中日戰爭爆發	12
1939	28	小學校畢業 進入台灣商工學校機械科(乙種實業學校)	14
1941	30	通過專檢八科考試，取得高中畢業資格(～1944) ◆太平洋戰爭爆發	16
1942	31	台灣商工學校畢業 專賣局板橋酒廠雇員	17
1943	32	就讀台北夜間工業學校化學科(～1944) 台灣總督府工鑛局鑛務科雇員(～1945)	18
1944	33	普通文官試驗合格	19
1945	34	進入台北第二師範學校演習科(1945.04～1945.08) 成為學徒兵 ◆終戰 進入台北高級中學(～1946) 特准以學生身分在鑛務科化驗室服務	20
1946	35	進入台灣大學化學工程學系	21
1948	37	普通考試化工科優等及格	23

1950	39	台灣大學化學工程學系畢業，工學士 高等考試化工科中等及格 專門職業考試化學技師 台灣省政府建設廳技士(～1953) 與張宜君女士結婚	25
1953	42	◆第一次「四年經濟建設計畫」 5月辭去礦務科工作，至啓信化工廠擔任工程師兼研究室主任(～1955.12)	28
1955	44	12月，任台灣省環境衛生實驗所技正，兼主任，簡派研究員(～1968)	30
1957	46	實驗成功強制通風式堆肥，獲WHO認定	32
1958	47	獲WHO研修獎助金，赴日本京都大學進修(～1960)	33
1960	49	京都大學工學碩士 京都大學醫學部生活科學研究所囑託	35
1961	50	歸國，繼續在台灣省環境衛生實驗所任職 原預備接受農復會邀情，前往越南加入農耕隊，未成行	36
1962	51	◆霍亂盛行 3月，半日借調台北市衛生局課長(～1964.08) 建立食品衛生客觀稽查標準	37
1963	52	廢止戶外垃圾箱(～1965)	38
1964	53	8月，全日借調台北市衛生局課長(～1968.03)	39
1965	54	基隆路空中噴射消毒	40
1966	55	再次獲得WHO獎助金赴英、日、美考察工業衛生環境(7～12月)	41
1967	56	垃圾清運之革命性改革(～1968)	42
1968	57	◆台北市政府環境清潔處成立 3月，任台北市政府衛生局科長(～1968.10) 10月，台北市政府環境清潔處科長(～1972)	43
1970	59	創用空氣品質自動監視器	45
1971	60	創用河川水質自動監視器 ◆3月，行政院衛生署成立，下設環境衛生處	46
1972	61	10月，任行政院衛生署環境衛生處處長(～1982.1) 獲聘至台大化工系，醫學院公衛系擔任兼任講師	47
1973	62	開始擔任考試院襄試典試委員(～1991)	48

1974	63	◆行政院公布水污染防治法、廢棄物清理法 7月，獲聘至台大化工系擔任兼任副教授 10～11月獲美國國務院邀請，赴美考察公害防治	49
1975	64	◆行政院公布《空氣污染防制法》 創設中華民國環境保護協會 主持高雄地區公害防治先驅計畫(～1977)	50
1977	66	台大環工所成立，獲聘擔任兼任副教授	52
1978	67	獲聘至師大衛生教育研究所擔任兼任副教授	53
1979	68	◆台灣第一座核能發電廠竣工 台大環工所擔任兼任教授、師大衛生教育研究所擔任兼任教授	54
1980	69	獲聘至台大化工系、等擔任兼任教授	55
1981	70	於大林創始煙流追蹤實驗	56
1982	71	創設環境保護局 任行政院衛生署環境保護局局長(～1987)	57
1983	72	◆行政院暫停進口廢電線、廢電纜 林口實體煙流擴散實驗 擬定毒性化學物質管理法	58
1984	73	污染物大氣擴散論文獲京都大學工學博士學位 推動環境影響評估方案	59
1985	74	實施台灣地區重金屬污染調查計畫	60
1986	75	◆鹿港反杜邦運動 受美國杜邦公司邀請至美考察 建立台灣地區大氣品質自動監視網	61
1987	76	◆行政院成立環保署 ◆高雄後勁反五輕 任經濟部技監(～1991)	62
1988	77	◆蘭嶼反核示威遊行 擔任考試院甲等考試口試委員、著作審查委員	63
1990	79	台北醫學院公共衛生學系擔任兼任教授	65
1991	80	自經濟部退休 擔任中技社顧問(～1992) 擔任國建科技顧問社執行長(～1992) 結束台大環工所兼課	66

2004	93	獲沖繩縣短歌大會優良賞 獲福爾摩沙環境獎	79
2005	94	獲台北醫學院(現爲台北醫學大學)優良教師楷模	80
2007	96	結束師大兼課	82
2008	97	結束台北醫學院(現爲台北醫學大學)兼課 參與環保署21週年署慶	83
2011	100	著手成書自傳	86
2012	101	◆311反核大遊行 回憶錄成書出版	87

註：◆爲當代大事。

任職列表

公元	民國	任職
1942～1944	31～33	專賣局板橋酒廠雇員
1944～1945	33～34	台灣總督府工鑛局鑛務科雇員
1945～1953	34～42	台灣省建設廳技士鑛務科化驗室
1953.5～1955.12	42～44	啓信化工廠擔任工程師兼研究室主任
1955～1968.3	44～57	台灣省環境衛生實驗所技正，兼主任，簡派研究員
1960	49	(留學期間)京都大學醫學部生活科學研究所囑託
1962.3～1964.8	51～53	半日借調台北市衛生局課長
1964.8～1968.3	53～57	全日借調台北市衛生局課長
1968.3～1968.10	57	台北市政府衛生局科長
1968～1972	57～61	台北市政府環境清潔處科長
1972.10～1982.1	61～71	行政院衛生署環境衛生處處長
1982～1987	71～76	行政院衛生署環境保護局局長
1987～1991	76～80	經濟部技監

夫婦航路

莊進源 作詞
藤野孝明 作曲
藤野孝明 編曲
張宜君 唱

中譯	原文
擁有稚嫩童顏、年輕的兩人	幼なげのこる若き二人が
未來的夢在胸中滿漲	未来の夢に胸ふくらませ
意氣勃勃地度過浮生	意気溌剌と浮世を渡る
不問有多少苦難	幾多の苦難いとわない
相扶相持的兩人彼此鼓勵	寄りそう二人励まし合って
啊！苦樂與共的夫婦航路	あー苦楽の夫婦航路
昨日的修羅場 今日已然超越	昨日の修羅場今日乗り越えて
向著明日繼續筆直前行	明日に向かって一途に駆ける
幸有努力與神明的加護	努力のかげに神の加護あり
善哉！夫婦夢想盛開	夫婦善哉夢盛り
燦爛陽光溫暖照耀兩人	光は二人に暖かく降る
啊！滿載希望的夫婦航路	あー希望の夫婦航路
幸福人生 夫婦之夢	夫婦の夢は幸せ人生
終於 花開爛漫 甜美結實	終に結んで花爛漫と
庭院芬芳 歡喜滿溢	薫るわが庭うれしさ溢れ
快樂人生無盡	楽しき人生いついつまでも
兩人的愛滿載幸福	二人の愛に幸あれ幸あれ
永遠同行的夫婦航路	永久の夫婦航路

家族系譜

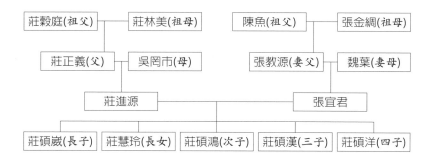

著作列表

一、論文

序	題目名稱	刊物名稱／研討會	期數	日期
1	公害及防治對策	台北都市計畫委員會《都市計劃手冊》		1971
2	台北市空氣污染之現狀與其管制對策	中國工程師學會《工程》	第44卷第89期	1971.09
3	台北市固體廢棄物處理之研究	中國工程師學會《工程》	第44卷第89期	1971.09
4	冶金爐排氣系統之設計	經濟部《能源季刊》	第2卷第3期	1972.07
5	台北市空氣污染之研究(英文) Research on air pollution in Taipei City	經濟部《能源季刊》	第2卷第4期 第3卷第1期	1972.10 1973.01
6	工業廢棄物處理概論	中華企業管理中心講義	第2卷第4期 第3卷第1期	1973
7	台灣生活環境與環境污染問題之關係(英文) Interactions of man and Environment in Taiwan	中美水污染防治檢討會	第2卷第4期 第3卷第1期	1974.01

8	有機廢棄物密閉處理系統可能性之研討(英文)	經濟部《能源季刊》	第4卷第1期	1974.01
9	台灣地區空氣污染管制	《中美技術季刊》	第19卷第1期	1974.03
10	台灣地區環境污染及防治對策	東海大學環境科學研究中心	環境科學研究叢刊之九	1974.10
11	大氣污染	東海大學環境科學研究中心	環境科學研究叢刊之十	1974.10
12	台北市機動車輛排氣及燃料含硫容許量標準之研討	經濟部《能源季刊》	第5卷第1期	1975.01
13	空氣污染各種標準之研討	65年近代工程技術討論會專集(礦業工程組)		1976.07
14	環境保護	中國工程師學會《工程》	第49卷第11期	1976.11
15	中華民國台灣的空氣汙染特質(英文) The Characteristics of air Pollution in Taiwan, R.O.C.	第4屆國際空氣清潔會議論文(日本，東京)	Proceeding of IVth International Clean Air Congress	1977.01
16	高雄地區空氣污染之研究	中華民國環境保護學會《環境保護》	創刊號	1977.01
17	台灣生活環境與環境污染之關係	中華民國環境保護學會《環境保護》	創刊號	1977.01
18	電動車與環境污染之關係	運輸計劃季刊	第6卷第3期	1977.07
19	由海產物之碳氫化合物污染測定評估基隆外港油輪漏油之影響	國科會研究報告		1978.06
20	Hy-jet 電鍍廢水處理	中華民國環境保護學會《環境保護》	第2期	1978.12
21	大氣擴散式之數值模擬在污染物排放標準限制之應用	氣象學會《大氣科學》	第6卷第1期	1979.05
22	我國與新加坡之環境衛生行政體系與法令規章	行政院研考會		1979.06

23	我國工業環境污染之控制及其設備成本之分析	行政院研考會		1979.09
24	台灣地區環境保護簡報及從能源節約的觀點檢討台灣地區之環境污染控制	中美近代工程討論會		1980.07
25	風向觀測數據及在其環境影響分析的應用之模擬(英文)Assimilation of wind observation data and its application to environmental impact analysis	第5屆國際空氣清潔會議論文(阿根廷)	Proceeding of the Vth International Clean Air Congress	1980.10
26	沿海市區大氣邊界層的發展數值研究之初步結果(英文)Preliminary results numerical study of atmospheric boundary layer development over a coastal urban area	第5屆國際空氣清潔會議論文(阿根廷)		1980.10
27	台灣地區環境指標之研究及確立	環境保護局		1981.12
28	中華民國台灣的海洋汙染之預測(英文)Prospective of the marine pollution in Taiwan, R.O.C.	Assimilation Capacity of the Oceans for Man's wastes, SCOPE/ICSU Academic Sinica, R.O.C.		1982.04
29	談環境評估	《工業污染防治季刊》	第2期	1982.04
30	大林煙流追蹤計畫報告	中華民國環境保護學會		1982
31	維持大氣環境同化能力的政策(英文)Policies for maintaining ambient assimilating Capacity	第6屆國際空氣清潔會議論文(法國，巴黎)	Proceeding of the VIth International Clean Air Congress	1983.05

32	沿海工業化地區的氟化硫追蹤實驗(英文) The SF6 tracer experiment at littoral industrialized area	第 6 屆國際空氣清潔會議論文(法國，巴黎)		1983.05
33	中華民國的空氣汙染(英文) Air pollution in the Republic of China	JAPCA,USA	第33卷第8期	1983.08
34	林口煙流追蹤計畫報告	中華民國環境保護學會		1983.10
35	台灣地區工業都市之大氣擴散能力及空氣污染管制系統之研究(英文) Research on Atmospheric Assimilating Capacity and Air Pollution Control System of Industrial Municipalities in Taiwan Area	京都大學博士學位發表會		1984.05
36	垃圾何去何從	固體廢棄物處理技術研討會(中國土木水利學會、國科會、台大環工所主辦)		1984.06
37	台灣機車廢氣排放的污染控制(英文) Air pollution control for motor-cycle emission in Taiwan—A unique case in the world	6th international conference on air pollution, South Africa		1984.10
38	通宵火力發電廠運轉中環境影響評估綜合評估終結報告	中華民國環境保護學會		1984.11
39	環境影響評估制度之建立及展望	中國工程師學會第49屆年會	工程計劃之環境影響評估演講會論文集	1984.11
40	環境問題の現狀と行政(日文)	日本《環境技術》	Vol. 13 No.8	1984

41	台湾における粒状大気汙染物質の動向(日文)	日本,大氣污染學會雜誌	J. Japan Soc. Air Pollution 19(6) 473-479	1984
42	環境保護與經濟發展的配合	《工業污染防治》	第14期	1985.04
43	生活的科學—環境保護	《工業污染防治》	第6集	1986.06
44	我國毒性化學物質管理之回顧與展望	化工(Chemical Engineering)	第130期(民國75年6月)	1986.06
45	無鉛汽油與污染防治	石油協會季刊《石油》	第21卷第1期	1986
46	台灣地區酸雨的特性(英文) Characteristic of acid rain in Taiwan Area	2nd Joint conference of air pollution studies in Asian Areas	Nov.18-19 P40-48	1986
47	台灣新店溪における生物學的水質判定の試み(莊進源、森若美代子、齊家)	用水と廢水	Vol.28 No.9	1986
48	現代社會與環境保護	《工業污染防治季刊》	第22期	1987.04
49	海洋污染防治之展望	國科會海洋科學學術研討會論文集		1987.05
50	危害物質對環境與健康之衝擊	危害物質處理、管制講習會	中央大學	1987.07
51	垃圾處理	垃圾處理研討會論文集(行政院衛生署環保局)		1987.07
52	(英文) Dispersion characteristics of plumes from two major Taiwan Power Plants	JAPCA	Vol.37 No.10 pp1197-1199	1987.10
53	Industrial air pollution control strategies in Taiwan Area	3rd Joint conference of air pollution studies in Asian Areas		1987

54	Perspective of industrial waste disposal in Taiwan	Indian J. Environmental Protection	Vol.8 No.6	1988.06
55	空氣品質的管理	國立台灣科學教育館 大眾科學講座	第8集	1988.06
56	惡臭管制導論	《工業污染防治》	第28期	1988.10
57	台灣における產業公害防止對策とその焦點	《環境技術》	Vol.17 No.3	1988
58	環境保護新觀念	國立台灣科學教育館 大眾科學講座	第9集	1989.06
59	自來水水質管理新動向	自來水會刊雜誌	第31期	1989.08
60	水與健康—兼談未來自來水水質問題	國立台灣科學教育館 大眾科學講座	第10集	1990.06
61	談居住環境	國立台灣科學教育館 大眾科學講座	第11集	1991.06
62	談生活之風險率	國立台灣科學教育館 大眾科學講座	第11集	1991.06
63	能源耗用量與溫室效應氣體	國立台灣科學教育館 大眾科學講座	第12集	1992.06
64	綜論中華民國環境保護學會成立以來之工作與貢獻	中華民國環境保護學會《環境保護》	第23卷第2期	2000.12
65	日本與台灣太陽能發電之評估(與石瀨俊明、孫岩章合著)	中華民國環境保護學會《環境保護》	第32卷第1期	2009.06

二、專書

序	書名	出版	出版年	再刷
1	環境污染與住的藝術	百科文化公司	1983.07	
2	飛舞空中的殺手	百科文化公司	1983.07	
3	水族系的迷惘	百科文化公司	1983.09	
4	大千世界的環境衛生	百科文化公司	1983.11	
5	毒性物質的點線面	百科文化公司	1984.01	
6	環境保護新論	淑馨出版社	1993.07	

7	古易與科學新知	基礎道德文化基金會	1995.06	1999.06
8	公害防治概論	淑馨出版社	1995.11	2001.10
9	水的故事	淑馨出版社	2000.01	

註：《公害防治概論》獲1996年行政院新聞局圖書金鼎獎。

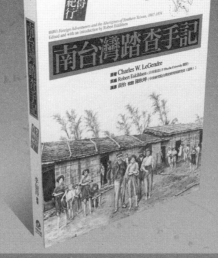

南台灣踏查手記

原著｜ Charles W. LeGendre（李仙得）

英編｜ Robert Eskildsen 教授

漢譯｜ 黃怡

校註｜ 陳秋坤教授

2012.11 前衛出版 272 頁 定價 300 元

從未有人像李仙得那樣，如此深刻直接地介入 1860、70 年代南台灣
原住民、閩客移民、清朝官方與外國勢力間的互動過程。

透過這本精彩的踏查手記，您將了解李氏為何被評價為「西方涉台
事務史上，最多采多姿、最具爭議性的人物」！

節譯自 *Foreign Adventurers and the Aborigines of Southern Taiwan, 1867-1874*
Edited and with an introduction by Robert Eskildsen

台灣經典寶庫 6

C. E. S. 荷文原著
甘為霖牧師 英譯
林野文 漢譯
許雪姬教授 導讀
2011.12 前衛出版 272頁 定價300元

被遺誤的台灣

Neglected Formosa

荷鄭台江決戰始末記

1661-62年，
揆一率領1千餘名荷蘭守軍，
苦守熱蘭遮城9個月，
頑抗2萬5千名國姓爺襲台大軍的激戰實況

荷文原著 C. E. S. 《't Verwaerloosde Formosa》(Amsterdam, 1675)
英譯 William Campbell "Chinese Conquest of Formosa" in 《Formosa Under the Dutch》 (London, 1903)

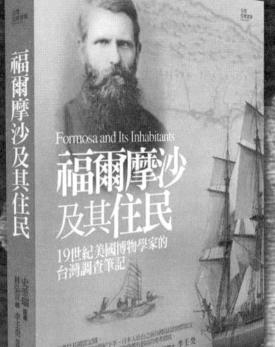

台灣
經典
寶庫 **4**

封藏百餘年文獻
重現台灣
Formosa and Its Inhabitants

密西根大學教授
J. B. Steere（史蒂瑞）原著

美麗島受刑人 **林弘宣** 譯

中研院院士 **李壬癸** 校註

2009.12 前衛出版 312頁 定價 300元

> 本書以其翔實記錄，有助於
> 我們瞭解19世紀下半、日本人治台
> 之前台灣島民的實際狀況，對於台灣的史學、
> 人類學、博物學都有很高的參考價值。
>
> ——中研院院士 **李壬癸**

◎本書英文原稿於1878年即已完成，卻一直被封存在密西根大學的博物館，直到最近，才被密大教授和中研院院士李壬癸挖掘出來。本書是首度問世的漢譯本，特請李壬癸院士親自校註，並搜羅近百張反映當時台灣狀況的珍貴相片及版畫，具有相當高的可讀性。

◎1873年，Steere親身踏查台灣，走訪各地平埔族、福佬人、客家人及部分高山族，以生動趣味的筆調，記述19世紀下半的台灣原貌，及史上西洋人在台灣的探險紀事，為後世留下這部不朽的珍貴經典。

回憶在滿大人、海賊與「獵頭番」間的激盪歲月

Pioneering in Formosa

歷險福爾摩沙

台灣經典寶庫5

W. A. Pickering
（必麒麟）原著

陳逸君 譯述 ｜ 劉還月 導讀

19世紀最著名的「台灣通」
野蠻、危險又生氣勃勃的福爾摩沙

Recollections of Adventures among Mandarins,
Wreckers, & Head-hunting Savages

前衛出版
AVANGUARD

甘為霖牧師 原著

素描
福爾摩沙

Eslite
Recommends
誠品 選 書 | 2009.OCT
二〇〇九・十月

Wm Campbell

一位與馬偕齊名的宣教英雄，

一個卸下尊貴蘇格蘭人和「白領教士」身分的「紅毛番」，

一本近身接觸的台灣漢人社會和內山原民地界的真實紀事……

譯自《*Sketches From Formosa*》(1915)

原來古早台灣是這款形！
百餘幀台灣老照片
帶你貼近歷史、回味歷史、感覺歷史……

前衛出版
AVANGUARD

誠品書店
www.eslite.com

福爾摩沙
紀事

From Far Formosa

馬偕台灣回憶錄

19世紀台灣的
風土人情重現

百年前傳奇宣教英雄眼中的台灣

台灣經典寶庫
前衛出版　　譯自1895年馬偕 著《From Far Formosa》
AVANGUARD

國家圖書館出版品預行編目資料

莊進源回憶錄 / 莊進源著.
- - 初版.- - 台北市：前衛，2012.11
272面；15×21公分

ISBN 978-957-801-700-9(精裝)

1. 莊進源　2. 回憶錄　3. 環境保護

783.3886　　　　　　　　　　101022575

莊進源回憶錄

作　　　者　莊進源
採訪撰稿　張欣宇
責任編輯　黃紹寧
美術編輯　宸遠彩藝
出 版 者　前衛出版社
　　　　　　10468 台北市中山區農安街153號4F之3
　　　　　　Tel：02-25865708　Fax：02-25863758
　　　　　　郵撥帳號：05625551
　　　　　　e-mail：a4791@ms15.hinet.net
　　　　　　http://www.avanguard.com.tw
出版總監　林文欽
法律顧問　南國春秋法律事務所林峰正律師
總 經 銷　紅螞蟻圖書有限公司
　　　　　　台北市內湖舊宗路二段121巷28、32號4樓
　　　　　　Tel：02-27953656　Fax：02-27954100
出版日期　2012年11月初版一刷

定　　　價　新台幣300元

＊「前衛本土網」http://www.avanguard.com.tw
＊加入前衛 facebook 粉絲團，上網搜尋「前衛出版社」並按“讚”。
◎更多書籍、活動資訊請上網輸入關鍵字“前衛出版”或“草根出版”